Che Guevara

PARA PRINCIPIANTES

Sergio Sinay • Miguel Angel Scenna

ERA NACIENTE
Documentales Ilustrados

Che Guevara para Principiantes®

© del texto: Sergio Sinay
© de las ilustraciones: Miguel Ángel Scenna
© de los derechos exclusivos para idioma español:
Era Naciente SRL

Director de la serie: Juan Carlos Kreimer
Digitalización: Carlos Almar

Para Principiantes®
es una colección de libros de
Era Naciente SRL
Fax: (5411) 4775-5018
Buenos Aires, Argentina
www.paraprincipiantes.com

Scenna, Miguel Angel
    Che Guevara para principiantes / Miguel Angel Scenna y Sergio Sinay - 1a ed. 5a reimp. - Buenos Aires : Era Naciente, 2008.
    176 p. ; 20x14 cm. (Documentales ilustrados)

    ISBN 978-987-9065-27-3

    1. Guevara Che-Biografía. I. Sinay, Sergio II. Título
    CDD 923

Queda hecho el depósito que preve la Ley 11.723

ISBN 978-987-9065-27-3

Ninguna parte de este libro puede ser reproducida,
almacenada o transmitida de manera alguna
por ningún medio, ya sea electrónico, químico
o de fotocopia, sin permiso previo escrito del editor.

Esta edición de 3000 ejemplares se terminó de imprimir
en la planta impresora de Sevagraf S.A., Buenos Aires,
República Argentina, en marzo de 2008.

Un lugar en América del Sur...

Bolivia es un país andino ubicado en el corazón de América del Sur. Tiene 7 millones y medio de habitantes. El 42% de esa población es de origen indígena. El estaño, la plata, el cobre y el cinc son sus principales riquezas. En 1825 se independizó de la Corona Española. En su tierra florecieron avanzadas culturas precolombinas.

Gracias a la exportación de estaño, hasta la segunda década del siglo XX, el país prosperó. En 1932, el presidente Salamanca (llegado al poder por una revuelta popular) declaró la guerra al Paraguay. Conocida como la **Guerra del Chaco**, resultó un desastre para Bolivia, que perdió miles de hombres y mucho territorio.

Ya en 1897 Bolivia había perdido su única salida al mar cuando enfrentó a Chile, en la **Guerra del Pacífico**. A partir de 1937, el país vivió una sucesión de golpes militares y revueltas mineras y campesinas. Solo en 1985, con el segundo mandato de Víctor Paz Estensoro, se restableció la continuidad institucional.

La capital de Bolivia es La Paz, una ciudad enclavada en un valle, a 3600 metros sobre el nivel del mar. A 770 kilómetros al sudeste de La Paz se encuentra **Vallegrande**.

... es un pequeño poblado que apenas llega hoy a los veinte mil habitantes. Una típica aldea del Altiplano, tendida sobre un terreno agreste, vigilada por las montañas y asechada por una selva cercana.

El 1º de diciembre de 1995, había una extraña actividad en el polvoriento aeropuerto de Vallegrande.
Soldados laboriosos como hormigas hurgaban la tierra.

Hacía dos semanas que sus palas lastimaban la tierra sin descanso. Se veían fatigados. Quienes los rodeaban --uniformados y civiles-- estaban ansiosos y tensos. El sol castigaba a todos sin piedad.

Pasan las horas y la fiereza de la lucha aumenta. No basta el desequilibrio de fuerzas para terminarla...

Una bala destruye el arma de **Ramón**.

A las siete de la tarde, el sol que cae es testigo del final de la batalla. Han muerto cuatro soldados y cinco hombres del grupo rebelde.

El Capitán Gary Prado (así se llama el *ranger*) convoca a sus hombres...

Aseguran su presa...

... mientras el Capitán Prado transmite el mensaje en clave que los comandantes del ejército boliviano esperan desde hace meses.

Otro lugar en América del Sur, 39 años antes

Rosario es hoy la tercera ciudad argentina. Tiene 1.100.000 habitantes y se eleva en la margen derecha del río Paraná. Su universidad fue fundada en 1730. La ciudad, puerto exportador de granos y ganado, conoció su época de gloria hacia los años 40 y 50 de este siglo. Además de ser un centro financiero, se pobló de industrias metalúrgicas, papeleras, agropecuarias y petroleras.

El 14 de Junio de 1928, una multitud de estudiantes toma la Facultad de Medicina de Rosario. Celebran el 10º aniversario de la **Reforma,** un movimiento que dió como fruto la autonomía universitaria, y piden además la renuncia del Consejo Universitario.

A poca distancia de allí, en una maternidad una mujer sufre y goza un momento único e inolvidable de su vida.

Celia de la Serna de Guevara acaba de dar a luz a su primer hijo.

Ella y su marido —el arquitecto **Ernesto Guevara Lynch**— tendrán otros cuatro hijos (Roberto, Celia, Ana María y Juan Martín), pero ninguno incidirá como éste en la historia del Siglo XX. Lo bautizan **Ernesto Guevara**.

Según el milenario horóscopo chino, el niño ha nacido bajo el signo del Dragón, el más ambicioso de los signos, buscador de ideales, venerado, respetado y con un don único: nacer y morir mil veces en una sola vida. El Dragón, dicen los sabios chinos, protege, es valiente y capaz de emprender cualquier empresa. Sus apuestas son a todo o nada. No le teme a la muerte; sabe que resurgirá de sus cenizas.

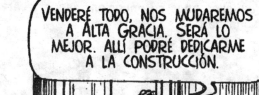

> VENDERÉ TODO, NOS MUDAREMOS A ALTA GRACIA. SERÁ LO MEJOR. ALLÍ PODRÉ DEDICARME A LA CONSTRUCCIÓN.

En ese entonces el asma es una enfermedad temible. Durante dos años Ernesto recibe todo tipo de tratamientos, pero no mejora. La familia toma una decisión.

Alta Gracia es una bella población serrana, a 30 kilómetros de la ciudad de Córdoba. Allí nacerán los cuatro hermanos de Ernesto y allí, en poco tiempo, él se hace de amigos y se convierte en su líder.

En aquellos años se anuncian rasgos y características de su personalidad...

También en aquellos años él y sus hermanos escuchan de su padre algunos consejos que no olvidarán:

Esas palabras de Ernesto Guevara Lynch son oportunas. El 6 de setiembre de 1930, un general llamado **José Felix Uriburu** usurpa el poder valiéndose, como tantas veces, de las armas. Hipólito Irigoyen, presidente civil, democrático, fue encarcelado en la isla Martín García. **Uriburu** había inaugurado un período de la historia argentina que se llamó La década infame y que, durante medio siglo tendría a los militares violando repetidamente la constitución y adueñándose del poder.

En los años violentos e inciertos que siguen, la violencia es cotidiana, así como la corrupción y el llamado "fraude patriótico". La Legión Cívica Argentina —un grupo fascista— comete asesinatos políticos. El 9 de abril de 1931 es fusilado el legendario anarquista **Severino Digiovanni**...

... En el Congreso, el senador santafecino **Lisandro de la Torre** denuncia escandalosos negociados con carnes que favorecen a los intereses británicos. En uno de esos debates, el 23 de julio de 1935, un guardaespaldas oficialista asesina al senador **Lorenzo Bordabehere,** compañero y amigo de de la Torre. Este se suicidará, resignado ante la corrupción, en 1939.

El 24 de Junio de 1935, cuando Ernesto acaba de cumplir 7 años, un avión se estrella en Medellín, Colombia, y muere **Carlos Gardel.** Con los años, la historia los unirá en el capítulo de los grandes mitos argentinos.

En el mundo, las cosas no están mejor. Entre 1936 y 1939, una guerra civil desangra a España. Las fuerzas republicanas, democráticas, son vencidas por **Francisco Franco**, autoproclamado "Caudillo de España por la Gracia de Dios". Sin piedad y con autoritarismo, mantendrá a ese país en el oscurantismo durante cuatro décadas.

Benito Musolini, Il Duce, es dueño del poder en Italia. Padre del fascismo, encabeza un régimen intolerante y demagógico, con sueños imperiales.

En Alemania, **Adolfo Hitler** concentra desde 1934 el mando del Estado y del Gobierno. Elimina paulatina y brutalmente a la oposición y a los sindicatos, inicia una campaña de exterminio de la población judía en busca de la "pureza" de la raza aria y transmite a la población su idea de que la guerra será la solución a la crisis económica. Los grandes capitalistas lo apoyan. Instrumenta una agresiva política exterior y, por fin, en setiembre de 1939, Alemania invade Polonia y desata la más sangrienta conflagración que recuerda la humanidad: la **Segunda Guerra Mundial**.

En 1940, en plena guerra —frente a la cual Argentina se declara neutral—, Ernesto ingresa en el Colegio Nacional Deán Funes, en la ciudad de Córdoba, para iniciar su educación secundaria. Allí no será un alumno brillante, pero sí correcto.

En esos años se destaca como jugador de rugby en el Club Estudiantes, de Córdoba. Se está haciendo robusto, es ágil y el asma es cada vez un problema menor...

El 11 de enero de 1943 muere el general Justo y asume el vicepresidente **Ramón S. Castillo**. Mientras Ernesto cursa tercer año del bachillerato, el 4 de junio de 1943 otro golpe militar derroca a Castillo y asume un gobierno pronazi encabezado por un general de apellido Ramirez. Mientras tanto, otro militar empieza a descollar, gracias a sus mensajes dirigidos a los obreros, que se sentían postergados...

... en 1946, después de haber sido Secretario de Trabajo y Vicepresidente, ese coronel —que ya es el general **Juan Domingo Perón**— gana las elecciones convocadas para el 24 de febrero de 1946 y cambia la historia argentina. El **peronismo**, fundado por él, será un movimiento multitudinario, heterogéneo, de propuestas populistas difusas. En sus variantes más progresistas, apunta a un *capitalismo de Estado*. Las más retrógradas darán lugar en la década del 70, a una banda terrorista conocida como **Las Tres A** (Alianza Anticomunista Argentina).

En casa de los Guevara de La Serna, tanto los grupos conservadores como los sectores socialistas de la familia, coinciden en esa época en oponerse a Perón, a quien ven como subproducto del fascismo y del franquismo. El 25 de agosto de 1944 Ernesto tiene 16 años y celebra en las calles de Córdoba, junto a toda su familia, el final de la Guerra y la derrota del nazismo.

1946 es, también, el año del primer amor. María del Carmen Ferreyra (Chichina), hija de un rico estanciero, siente el flechazo.

ME FASCINA, MIRÁ SU FÍSICO... ESE ASPECTO DURO Y ES TAN ANTISOLEMNE...

La humedad de Buenos Aires hace revivir su asma y es aquí donde despunta su vigoroso espíritu viajero. Durante el verano embarca como marinero en un buque de la Flota Mercante "para conocer otros países". Al desembarcar, un mes después, no está satisfecho:

POR FIN... 15 DÍAS DE IDA, 15 DE VUELTA, Y TODO PARA PASAR 4 DÍAS EN UNA ISLA INMUNDA, DESCARGANDO PETRÓLEO

Mientras, pasa largas horas de su tiempo dedicado al mate y al ajedrez, dos de sus pasiones eternas, continua sus estudios...

... y plantea nuevas exploraciones. Poco después de cumplir 20 años acopla un pequeño motor a su bicicleta y se lanza a recorrer el país con ella. El itinerario es extenso e intenso. Va al norte, a la cordillera y al centro. Recorre **4 mil kilómetros,** 12 provincias, toma contacto con la riqueza geográfica y con la pobreza social. En él está germinando algo más que un simple espíritu aventurero...

Mientras tanto la madre de Ernesto recupera su salud (tras la extirpación de un tumor maligno en el pecho) y la casa de los Guevara se convierte en un activo centro de militancia antiperonista, de la cual Ernesto es testigo...

El, a su vez, está en contacto con estudiantes socialistas y comunistas, opositores al gobierno de Perón. En esa época lee vorazmente poesía y se hace fanático de Neruda.

COMPAÑEROS, NO OLVIDEMOS LA CONSIGNA PERONISTA "ALPARGATAS SÍ, LIBROS NO". DEFENDAMOS LA UNIVERSIDAD Y LA CULTURA.

Simultáneamente, en Córdoba, **Alberto Granados**, un hombre de 28 años, amigo de la infancia de los Guevara, confía un viejo sueño a su hermano menor, Tomás.

Cruzan la Cordillera de los Andes por el sur y ascienden hacia Santiago mientras se alternan en la conducción. Después, Ernesto recordará: *"La moto resoplaba de aburrimiento y nosotros de cansancio".*

Osorno, Valdivia, Temuco van quedando atrás. El paso de los aventureros no queda inadvertido:

Después, en sus memorias, Ernesto escribiría: *"Allí La Poderosa II terminó su gira y nosotros dejamos de ser mangueros motorizados para convertirnos en mangueros no motorizados"*.

A partir de allí, viajan en camiones, a pie, como polizontes de trenes. Se hospedan en donde pueden. Trabajan para sobrevivir: su objetivo es seguir adelante.

MIRÁ LO QUE SOMOS AHORA... DOS LINYERAS

PERO ESTAMOS EN EL CAMINO...

En su diario de viaje, tras recorrer el resto de Chile rumbo al norte, Ernesto recordará:

...los hospitales son pobres, el estado social del pueblo chileno es bajo, Chile tiene todo para ser un poderoso país industrial... lo que debe hacer es sacudirse al incómodo amigo yanqui de las espaldas, tarea ciclópea dada la cantidad de dólares invertidos.

Muchos cami...

El viaje siguió a través de América. También las experiencias. Visitaron en Perú las ruinas de Machu Pichu y leprosarios en la selva.

Desde la selva peruana remontaron el Amazonas en balsa, pasaron por territorio brasileño, fueron ocasionales futbolistas en Colombia y el 14 de julio de 1952 los encontró en Caracas, Venezuela...

Allí, el viaje conjunto llega al final. Granados recibe una oferta de trabajar en un leprosario (su gran sueño), mientras Ernesto debe cumplir con la promesa hecha a su madre: regresar y graduarse de médico. Un avión que transporta caballos y hace el trayecto Buenos Aires-Caracas-Miami-Maracaibo-Buenos Aires aparece como el vehículo para el retorno. Se propone ir en un vuelo hasta Miami y de allí, en un trayecto complicado, a su país.

Pero la aventura imprevista aparece otra vez en el camino de Ernesto. El avión se demora en Miami y él vagabundea por allí en compañía de Jaime **Jimmy** Roca, un amigo cordobés con quien se encuentra.

A mediados de 1953 se recibe y tiene un plan: regresar a Venezuela y trabajar en el leprosario con Granados. Pero sus fondos le alcanzan para una meta menos ambiciosa: llega a La Paz, Bolivia, con su amigo Carlos **Calica** Ferrer, en tren. Allí, en la casa del argentino Isaías Nogués, se reune con otros argentinos, muchos de ellos exiliados antiperonistas. Y se hace amigo de uno de ellos, un abogado joven: **Ricardo Rojo**.

El 26 de aquel julio de 1953 ocurren hechos significativos en dos países que signaron la vida de Ernesto. En **Argentina** se cumple un año de la muerte de **Eva Perón**...

En Santiago, **Cuba**, fracasa un asalto a sangre y fuego encabezado por los hermanos **Fidel** y **Raul Castro Ruz** contra el cuartel **Moncada**.

Los hermanos Castro lideran un grupo que se rebela contra el dictador Fulgencio Batista, un sargento que usurpa el gobierno desde 1934 y que ha dado un nuevo autogolpe en 1952 para impedir las elecciones prometidas. Cuba es, entonces, un gigantesco casino y prostíbulo que flota en el Caribe para diversión de ricos de otros países y para miseria de los cubanos.

En el asalto a Moncada mueren 33 rebeldes. Los hermanos Castro y otros revolucionarios son capturados y juzgados ante un tribunal rodeado de soldados. Fidel Castro, que tiene 27 años y es abogado, asume su propia defensa y, durante cinco horas, sostiene un alegato histórico.

SÉ QUE LA CÁRCEL SERÁ DURA Y QUE HABRÁ UN COBARDE ENSAÑAMIENTO! PERO NO LE TEMO A LA FURIA DEL TIRANO MISERABLE! CONDENADME!!! **LA HISTORIA ME ABSOLVERA!!!**

Finalmente, los jueces lo condenan a 15 años de cárcel.

Cuando termina 1953, Ernesto Guevara y su amigo Ricardo Rojo están en San José, Costa Rica. Han llegado allí luego de un raid plagado de accidentes y de aventuras que les hizo atravesar Colombia, Ecuador y Panamá. Se cruzan con otros argentinos y a todos les cuentan sus objetivos.

En Guatemala gobierna **Jacobo Arbenz,** un coronel nacionalista que está implementando reformas socialistas, entre ellas expropiar latifundios de la United Fruit, una compañía estadounidense que manipula la economía del país.

En enero de 1954 Guevara y Rojo llegan a Guatemala. Su hospedaje es, como siempre, una pensión modesta. Comparten el lugar con varios exiliados peruanos, que huyen del dictador Manuel Odría. América Latina es eso: un rompecabezas de dictaduras militares. En mayo, en la Organización de Estados Americanos (OEA), el canciller de EE.UU. lanza sobre Guatemala la palabra fatídica:

¡DEBEMOS TOMAR MEDIDAS CONTRA ESE GOBIERNO **COMUNISTA**!

Desde el sur (Honduras, El Salvador y Nicaragua) se preparan tropas en una operación organizada por el Departamento de Estado de EE.UU., la Agencia Central de Inteligencia (CIA) y la United Fruit...

Mientras tanto, Ricardo Rojo sigue viaje a EE.UU. y Guevara queda solo en Guatemala, en donde mantiene una amistad cada día más intensa con una refugiada peruana, **Hilda Gadea.** Comparten la pensión, excursiones arqueológicas, lecturas, conversaciones políticas...

En las reuniones de exiliados de otros países latinoamericanos, Ernesto se va empapando cada vez más de la realidad continental.

El Presidente da una prueba más de su ingenuidad.

El 17 de junio ocurre lo que todos temen. Comandadas por un coronel sublevado —**Carlos Castillo Armas**— y con el apoyo del Departamento de Estado, la CIA y la United Fruit, las tropas que acechan se lanzan por tierra y aire contra el gobierno de Arbenz.

Pasan las horas, la situación empeora. Guevara necesita entrar en acción:

Siente propios a esa democracia (aunque la haya criticado) y a ese país. Sale a la calle a organizar grupos para defenderlos. Ya no pasa inadvertido...

Un sueño de libertad

La ciudad de México es la capital de los refugiados; guatemaltecos, cubanos, peruanos, dominicanos, nicaragüenses, españoles que huyeron de Franco... todos coinciden en ella. Todos sueñan con regresar a sus tierras y vivir en libertad. Entre ellos, Ernesto ya es alguien...

Promedia la década del 50 y 1955 será un año de acontecimientos importantes en América y el mundo:
• **Winston Churchill** renuncia como primer ministro inglés, después de haber jugado un papel clave contra el nazismo y en el comienzo de la Guerra Fría que enfrenta a las potencias occidentales (EEUU, Gran Bretaña, Francia, Alemania) con el bloque comunista..
• Muere **Albert Einstein**, que ganó el Premio Nobel de Física, y que revolucionó la física moderna con su Teoría de la Relatividad, según la cual la duración del tiempo no es igual para dos observadores que se mueven uno respecto del otro.
• **Alemania Federal** (excepto el sector oriental) recupera la soberanía sobre su territorio, hasta entonces ocupada por tropas aliadas desde el final de la Segunda Guerra.
• **Juan Domingo Perón** es derrotado en Argentina el 16 de Septiembre, tras un cruento golpe de estado. Asume el Gral. Eduardo Lonardi, quien a su vez es reemplazado el 13 de noviembre por el Gral. Pedro Eugenio Aramburu. El peronismo es perseguido como antes lo había hecho con sus adversarios y se profundiza una antinomia.

El 24 de febrero de ese año el dictador Batista inicia en Cuba un nuevo período de gobierno, que él llama "constitucional". Ante el clamor popular amnistía a Fidel Castro y a su hermano Raúl, quienes se reunen en México con los demás exiliados. En una reunión de refugiados y rebeldes latinoamericanos, Hilda y Ernesto conocen a Fidel, escuhan sus sueños y planes de libertad, su proyecto de invadir Cuba...

Guevara y Castro empiezan a verse seguido y se hacen amigos. México, sin saberlo, está siendo escenario de un vínculo que conmoverá al mundo.

En ese momento el 85% de los agricultores cubanos no son dueños de sus tierras. Más del 50% de las mejores tierras cultivadas son propiedad de la United Fruit y de la West Indian (otra corporación estadounidense). Más de 3 millones de cubanos carecen de luz eléctrica. El raquitismo y la mortalidad infantil diezman a la población.

Ernesto ya forma parte del grupo y quiere combatir a Batista y a todos los dictadores de ese momento en América: el dominicano Trujillo, el venezolano Pérez Giménez, el colombiano Rojas Pinilla, el haitiano Duvalier, el paraguayo Stroessner, el nicaragüense Somoza...

El grupo rebelde es bautizado **Movimiento 26 de Julio** (en homenaje a Moncada). Pronto cuenta con 80 hombres y 50 dólares aportados por refugiados cubanos (pobres y ricos) que creen en la necesidad de que la sociedad cambie. Compran armas y, en un terreno prestado, en Chalco, inician su preparación de combatientes.

Allí Ernesto Guevara demostrará una gran solidaridad con todos sus compañeros, estará siempre atento a las necesidades de todos, aún en medio de esa vida dura y exigente. Para los cubanos que lo conocen de antes, esto no es sorpresa.

LO VÍ EN GUATEMALA Y YA ERA ASÍ. IBA A AYUDAR A LOS HOSPITALES, NO LE IMPORTABA NADA DE ÉL Y SÍ DE LOS OTROS...

TIENES RAZÓN, ASÍ LO VI SIEMPRE YO. PARA ESTE MUCHACHO LO MATERIAL NO EXISTE: ES PURA SOLIDARIDAD.

Allí, también, recibe su segundo bautismo, el más importante, el que le da el nombre con el cual entrará en la historia y en la leyenda.

Tiene 27 años. Inicia la década decisiva de su vida. El 15 de febrero de 1956 se produce un nuevo acontecimiento en su vida y de inmediato escribe a sus padres.

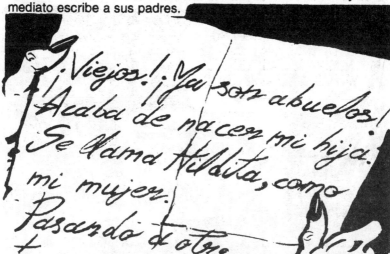

Nueve meses más tarde, después de una dura preparación y de sufrir persecusiones a causa de la presión del gobierno de Batista, Fidel reúne a sus hombres y hace un anuncio:

El 15 de noviembre zarpa de Tuxpan, en el Golfo de México, un pequeño y precario barco de paseo, llamado "Granma", que lleva una bandera roja y negra. Su destino es Santiago de Cuba.

El barco tiene capacidad para 20 hombres, pero lleva 82: Fidel Castro y su pequeño ejército. Su armamento: rifles, municiones y, sobre todo, una gran voluntad de cambiar la historia de su tierra.

El viaje debe durar cinco días, pero el mar se encrespa, el pobre barco apenas puede mantenerse a flote y en la madrugada del 2 de diciembre encalla en Belic, una villa pesquera.

¡SÁLVENSE USTEDES! ¡DEJEN LAS ARMAS PESADAS Y LOS PERTRECHOS!

Apenas llegan a la playa, los náufragos inician una larga caminata en busca de las montañas. Luego de tres días de marcha agotadora están maltrechos. El **Che**, con los restos de su botiquín, trata de aliviar las llagas de sus compañeros.

En ese lugar el grupo es atacado por las tropas de Batista y el Che recibe un nuevo bautismo: el de la sangre. Ve morir por primera vez a compañeros y él mismo es herido.

Un compañero lo rescata. Los escasos sobrevivientes se dispersan en tres grupos y andan por los montes durante una semana, sin alimentos.

Finalmente se encuentran. Están Fidel y su hermano Raúl, Camilo Cienfuegos, el Che y muy pocos más. Se enteran que sólo otros 12 han sobrevivido en el ataque que en Manzanillo, y por tierra, encabezó Crescencio Rodríguez contra las tropas de Batista, al mando de cien revolucionarios.

NO NOS VENCERÁN... HOY MÁS QUE NUNCA CREO QUE ESTÁ CERCA EL FIN DE BATISTA...

En esos días, en Buenos Aires, los padres de Guevara reciben una carta que él les envió antes de embarcarse...

Lamento no ser un buen soldado y un mejor médico.

Los 12 sobrevientes se ocultan de los 30 mil soldados de Batista escalando los montes de la Sierra Maestra (una cordillera que es como la columna vertebral de la isla). Tienen un plan: reorganizarse, empezar a ganar la confianza de los campesinos. Fidel da una consigna:

TODO EL QUE SEA VISTO SAQUEANDO A LOS CAMPESINOS O ABUSANDO DE ELLOS Y SUS MUJERES, SERÁ FUSILADO. ES NUESTRA CONSIGNA Y LA HAREMOS CUMPLIR...

Con armamento precario, con disciplina, con entusiasmo, con fe en sus creencias, la veintena de rebeldes empieza a reclutar campesinos hartos de la pobreza y de la injusticia. El 17 de enero de 1959 consiguen su primera victoria, al tomar un puesto militar cerca del río Magdalena. El 2 de febrero, dos meses después del desembarco, están en Manzanillo, allí se les une un grupo de hombres reclutados por el campesino Crescencio Sánchez y allí el Che recibe algo precioso:

En esos días, sufre un ataque de paludismo. **Julio Zenón Acosta** se ocupa de atenderlo día y noche, hasta que se recupera.

Acosta —que muere poco después en un combate— se convierte en el primer alumno del Che. Después tendrá muchos más en la Sierra Maestra. Su vida está en transformación constante: es médico, guerrillero, maestro. Y tiene una convicción:

Durante marzo las lluvias tropicales, el asma y la fatiga le hacen vivir "los peores días de la lucha en la Sierra". En esos días conoce a nuevos revolucionarios que se unen al movimiento: **Frank País, Haydée Santamaría, Vilma Espín, Hubert Matos, Celia Sánchez.** El grupo crece y se divide en tres columnas. El queda en el Estado Mayor, junto a Fidel:

¡ÓYEME BIEN, CHE! CUANDO YO TE ORDENE ASUMIR LA AUTORIDAD, LO HARÁS, ¡SIN VACILAR!

El 29 de mayo el Ejército de Liberación (por aquel entonces 127 guerrilleros) obtiene su primer triunfo resonante al asaltar el cuartel El Uvero. Las tropas de Batista pierden 19 hombres, tienen 14 heridos y 14 prisioneros. Sólo 6 escapan. Los rebeldes pierden 6 hombres y tienen 9 heridos, pero desde entonces ya nadie en el país ni el mundo puede ignorarlos.

El Che combate con destreza y valor. Luego, mientras sus compañeros parten, él se queda a cuidar a los heridos. "Los atiende, les salva la vida y después vuelve a incorporarse con ellos a la columna. Se ve que es un jefe capaz y valiente, un hombre de esos que cuando hay que cumplir una misión difícil no espera que se le pida", recordará años después Fidel Castro.

Pocos días más tarde —tras el reencuentro con el grueso de la tropa— recibe una noticia que lo conmueve. Es nombrado comandante, y Celia Sánchez, prende en su boina la estrella que lo identifica.

En los primeros días de agosto de 1957 el **Comandante Che Guevara** encabeza su primera acción. Con sus hombres ataca el cuartel de Bueycito, pone en fuga a los enemigos y recibe el alborozo del pueblo.

Los rebeldes cada vez son más y más fuertes. El pueblo los apoya crecientemente. Batista desata la represión terrorista. Frank Pais es asesinado en las calles de Santiago.

El dictador da la orden de quemar chozas de campesinos. Los jóvenes que huyen suben a las sierras y se unen a los rebeldes. Los soldados no se atreven a perseguirlos hasta allí.

Al comenzar 1958 los rebeldes ya son un verdadero ejército. El Comandante Guevara se hace cargo de la construcción de un hospital de campaña. Lo ayudan algunos de sus compañeros y numerosos campesinos. Un prestigioso médico de La Habana dona un aparato de rayos X. El hospital pronto atiende a guerrilleros, a campesinos, a mujeres, a niños. Pronto el Che anuncia otra iniciativa:

Mientras más fuerte es el Movimiento 26 de Julio y más se debilita el gobierno de Batista, aparecen quienes quieren aprovecharse de esto. En Miami varios políticos sin apoyo popular (algunos de ellos ex funcionarios de gobiernos corruptos) firman un "Pacto de Unidad de la Oposición Cubana Frente a la Dictadura de Batista", que es desautorizado por Castro y sus hombres.

El Ejército Rebelde está en condiciones de organizar huelgas, tiene comités de apoyo en el campo y en las ciudades. El rumor revolucionario corre por Cuba como un río subterráneo. Entonces hay una nueva misión para el Che.

Otra vez son los campesinos quienes colaboran consiguiendo resmas de papel y litros de tinta. Con una vieja máquina de escribir y un mimeógrafo el Che se convierte ahora en editor de El Cubano libre, la única publicación libre (no censurada) que recorre Cuba y es devorada por la gente.

A esta altura de su vida, la semblanza del Comandante Che Guevara se define con claridad para sus compañeros y para los campesinos y seguidores del movimiento, revolucionarios que ya no lo confunden con uno más entre los centenares de rebeldes que aumentan día a día. El Che Guevara es un hombre que vive como pregona, su conducta de cada jornada es el mejor discurso para sus compañeros. Es un hombre que se sobrepone a su propia salud (tiene periódicos ataques de asma, algunos lo dejan inconsciente) para dedicarse a mejorar la salud de sus compañeros heridos o de los campesinos enfermos. Tiene en su esposa Hilda a una sensible compañera de sueños revolucionarios. Y escribe, siempre que puede escribe: diarios personales, relatos, poemas.

Los rebeldes reciben desde el exterior apoyo político y armas, son respetados y seguidos por más y más campesinos y por gente de las ciudades. El 24 de febrero empieza a transmitir Radio Rebelde desde la Sierra Maestra y el Movimiento 26 de Julio es ya una especie de gobierno paralelo.

¡DESDE EL TERRITORIO LIBRE DE CUBA, ANUNCIAMOS QUE EL 5 DE ABRIL INICIAREMOS LA CAMPAÑA FINAL CONTRA LA DICTADURA...!

Mientras eso ocurre, el Che toma a su cargo la creación de pequeñas industrias primitivas para abastecer a las tropas de alimento y ropa. El mismo trabaja a la par de todos.

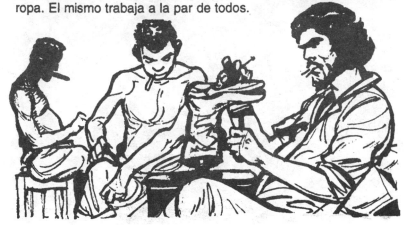

El 9 de abril fracasa una huelga general por falta de organización y el 20 de mayo se lanza una contraofensiva desde el Gobierno: 12 mil soldados de Batista (apoyados por tanques y aviones) marchan contra 300 guerrilleros. El exterminio parece inevitable.

La ofensiva tarda dos meses en fracasar. Los rebeldes se mueven como pez en el agua en la Sierra y reciben apoyo de los campesinos. Atacan por sorpresa y escapan, derrotan diariamente al ejército y lo desmoralizan.

Tras la retirada del ejército represor, los guerrilleros distribuyen entre los campesinos las reses requisadas a los terratenientes que apoyaron a Batista. Por primera vez los chicos campesinos toman leche y comen carne de vaca.

El 20 de julio de 1958 se firma un documento que une a todas las fuerzas de la oposición, lideradas por el Movimiento 26 de Julio. El Partido Comunista —que considera a Castro como un aventurero bienintencionado— no forma parte del pacto. El 21 de Agosto Fidel reúne a Camilo Cienfuegos y al Che Guevara, sus dos mejores comandantes:

LLEVAREMOS LA REVOLUCIÓN DE LA SIERRA AL LLANO. CAMILO, IRÁS POR EL NORTE. TÚ, CHE, POR LA COSTA Y LOS MONTES.

Nombrado Comandante en Jefe de toda la zona de Las Villas, el Che parte a cumplir su misión al mando de 170 hombres. Durante tres meses atravesarán temporales, pantanos y selvas, serán atacados por mosquitos y por soldados de Batista, cruzarán poblados, recibirán apoyo, sufrirán hambre...

Finalmente las dos columnas cumplen sus cometidos. En Las Villas el Che, como comandante, unifica a todos los pequeños grupos que luchaban ya contra Batista, les hace postergar intereses sectarios. Para conseguir el apoyo final del campesinado de la provincia toma su primer decisión:

FUNDAREMOS AQUÍ UNA ESCUELA. ADEMÁS, LOS DUEÑOS DE PEQUEÑAS PARCELAS NO PAGARÁN MÁS IMPUESTOS HASTA QUE LA REVOLUCIÓN DECIDA...!

El año 1958 avanza hacia su fin. Mientras los revolucionarios cubanos dominan cada vez más territorio y ganan popularidad en su país y en el mundo. Durante los dos últimos años, mientras ellos crecían en la Sierra, en la Argentina y en el mundo han ocurrido algunos hechos trascendentes:

20/6/57: En Rosario, ciudad vinculada al Che, se inaugura el monumento a la bandera.

7/11/57: En el SPUTNIK II —satélite soviético— viaja al espacio el primer ser vivo: la perra Laika.

23/2/58: Hay elecciones en Argentina y gana ARTURO FRONDIZI, que asume el 1 de mayo.

11/58: Tras la muerte de Pío XII es elegido el PAPA JUAN XXIII, EL BUENO, gran actualizador de la Iglesia.

En América Latina caen el dictador colombiano Rojas Pinilla (en 1957) y el venezolano Pérez Jiménez (en 1958). En Cuba y en el continente el desprestigio de Batista es cada vez mayor. En Las Villas el Che consigue la unidad de todos los grupos rebeldes y, tras esto, el comando revolucionario toma una decisión.

Ya hay cinco periódicos revolucionarios y varias radios. El Che y Camilo vuelven a comandar dos columnas, engrosadas por cientos de nuevos reclutas. Ahora el combate es frontal. Al tomar Sancti Spíritu, el Che emite un bando.

Luego de varias y sucesivas victorias el Che y Camilo avanzan con sus columnas hacia Santa Clara. Allí se librará la batalla decisiva. El Che y sus hombres empiezan las operaciones el 29 de diciembre a las 5 de la mañana. Toman la Universidad, la Loma del Capiro y el edificio de Obras Públicas. Los jefes del ejercito de Batista huyen, sus hombres se entregan o se dispersan. Llega un tren con armas y refuerzos. Los rebeldes lo asaltan y se apoderan de él.

Al mediodía, cuando el Che y sus hombres cargan contra la ciudad, la población los ayuda. Sale a las calles con lo que tiene y obstruye el paso de los tanques enemigos. Desde las azoteas cae aceite y nafta sobre los soldados.

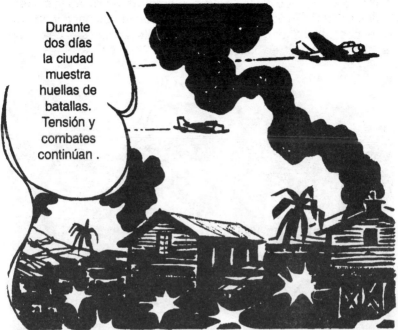

El **1º de enero de 1959** el Che ordena el ataque final contra la jefatura de la policía, en donde se refugia la plana mayor del enemigo.

En medio de esa batalla llega la noticia que los revolucionarios han soñado durante años.

Y mientras algunos soldados huyen y otros se entregan, la ciudad y los rebeldes celebran.

Esa noche, desde Yaguajay, llega la columna que comanda Camilo Cienfuegos.

Esa misma noche los dos comandantes reciben una orden de Fidel: avanzar sobre La Habana, mientras él tomaba —esta vez sí— el cuartel Moncada, en Santiago. En el amanecer del 2 de enero, el Che y Camilo parten hacia la capital para impedir que nadie se apropie de la revolución.

El 4 de enero La Habana recibe al Che y a Camilo con impresionantes demostraciones populares.

El 6 de enero Fidel entra en La Habana. La Revolución ha triunfado definitivamente. Empieza para Cuba, después de años de no ser dueña de su destino, una era de cambios profundos, de batallas difíciles, de logros esforzados.

En el corazón de la historia

A medida que el Gobierno Revolucionario empieza su camino, la figura del Che Guevara se destaca en el corazón de los cubanos.

Los revolucionarios han triunfado. Sus sueños son ahora realidad y se llaman Cuba. Es la isla más grande del Caribe. Tiene 110 mil kilómetros cuadrados y parece un caimán dormido. Fue descubierta por Cristóbal Colón el 27 de octubre de 1892 y tiene —en 1959— 8 millones de habitantes, un 65 por ciento de ellos blancos, un 22 por ciento mulatos y el resto negros. Sus principales riquezas son el azúcar, el níquel. En el siglo XVI supo ser el principal centro comercial de América y luego su territorio fue disputado por imperios y potencias (España y Estados Unidos). En 1898 —al firmarse el Tratado de París— Cuba consigue una autonomía relativa, en la que se autoriza a EE.UU. a intervenir para "preservar" la vida, la libertad y la propiedad y para "sostener" a un gobierno "adecuado".

En la historia de Cuba sus patriotas debieron luchar siempre duramente contra quienes usufructuaron su territorio. Después de declarar la independencia en 1869, la perdió al ser invadida por España y luego por Estados Unidos, que atacó a las fuerzas españolas y las venció. El escritor y revolucionario José Martí fue el máximo héroe de esas luchas. En 1892 fundó el Partido Revolucionario Cubano, en 1895 inició un levantamiento y el 19 de mayo murió en combate.

Hasta 1959 Cuba muestra pocos de los brillos de su historia. Es una isla empobrecida a la que se conoce por sus casinos y prostíbulos. Su pueblo postergado pide urgentes cambios sociales.

El Che pasa largas horas de esta nueva etapa de su vida estudiando apasionadamente la historia de Cuba. Así se convence de que esta es, seguramente, la primera posibilidad de acceder a una auténtica independencia.

En conversaciones con Fidel y Raúl Castro, germina la idea de darle a la revolución una orientación socialista. Aunque desconfían de los comunistas y de las ideas de Lenin (el líder soviético que encabezó la Revolución Rusa), piensan que es el mejor camino para la transformación social.

En EE.UU. algunos sectores empiezan a desconfiar de la nueva situación

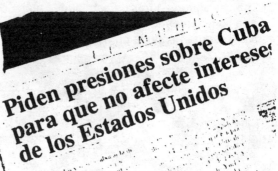
Piden presiones sobre Cuba para que no afecte intereses de los Estados Unidos

El 21 de enero ante una multitud Fidel lanza una advertencia:

HAN INICIADO UNA CAMPAÑA CONTRA CUBA, PORQUE SABEN QUE ANULAREMOS TODOS LOS PRIVILEGIOS DE LOS MONOPOLIOS Y CONSTRUIMOS UN RÉGIMEN DE JUSTICIA SOLCIAL, DEMOCRACIA POPULAR Y SOBERANÍA POLÍTICA Y ECONÓMICA.

El 9 de febrero de 1959 un decreto da a conocer oficialmente una decisión que unos días antes el propio Fidel había comunicado al Che.

Ernesto Guevara, el Che, es ahora **"cubano de nacimiento, con todos los derechos y obligaciones"**. Su protagonismo creciente se traduce en dos anuncios que están a su cargo:

Una idea lo obsesiona: industrializar a Cuba. Sacarla del atraso al que la condena su dependencia exclusiva del azúcar (y en segundo lugar, del tabaco). Dedica horas y horas al estudio para entender la situación, hablar con fundamento y planear un futuro diferente. Así, ve que el 40% de los trabajadores cubanos está en el campo. Eran esos hombres y mujeres pobres, curtidos, maltratados que había conocido durante la campaña guerrillera. Y los hijos de estos trabajadores son los niños que sufren desnutrición, enfermedades y muertes injustas.

Los estudios de informes de organismos económicos mundiales, de censos económicos, de autores especializados, lo van llevando a una conclusión cada vez más firme.

En las reuniones con la plana mayor de la Revolución su posición se va haciendo cada vez más enérgica.

¡COMPAÑEROS, ESTO ES UNA REVOLUCIÓN Y NO UNA PACHANGA! ¡LOS CAPITALISTAS NO PUEDEN PARTICIPAR JUNTO A LOS OBREROS Y A LOS CAMPESINOS! ¡DEBEMOS APRESURAR LA MARCHA!

Pero antes de apresurar el paso, la Revolución debe zanjar ciertas situaciones. En ella hay dos líneas. Una, moderada que no quiere cambios profundos, es encabezada por el Presidente **Manuel Urrutia**—un abogado, que defendió a Fidel cuando fue enjuiciado—; la otra por Fidel (Primer Ministro) y los combatientes de la Sierra Maestra. La primera línea es la más débil. El enfrentamiento será creciente a medida que se deban tomar más medidas y más urgentes.

Mientras tanto también hubo cambios en la vida privada del **Che**. Su esposa y su hija están en México. Su matrimonio agoniza. En cambio es cada vez más intensa su relación con Aleida March, su compañera de guerrilla y ahora su asistente.

TRAERÉ A HILDA E HILDITA A CUBA. QUIERO QUE MI HIJA CREZCA EN ESTE PAÍS. EN CUANTO VENGAN, TÚ Y YO NOS CASAREMOS.

El trabajo intenso, sin descanso, lo debilita y sufre una intensa crisis asmática. Debe reposar durante marzo de 1959 en una casa que la Dirección de Recuperación de Bienes le presta en la playa de Tarará. Desde allí escribe una carta al periódico Revolución.

"...mi enfermedad no la contraje en garitos ni trasnochando en cabarets, sino trabajando, más de lo que mi organismo podía resistir, para la Revolución. Ocupé esta casa prestada porque mi sueldo de 125 pesos como oficial del Ejército Rebelde no me permite alquilarme una. Prometo a todo el pueblo de Cuba que la abandonaré ni bien esté repuesto."

Fidel aún confía en que EE.UU. apoyará a la Revolución pese a que afectaba a grandes intereses privados estadounidenses. Viaja y habla en Washington y en Nueva York.

En Buenos Aires, a donde viaja inmediatamente para una reunión de economistas latinoamericanos, Fidel propone un plan:

En mayo de 1959 se proclama la **Ley de Reforma Agraria**. Todo terreno de más de 400 hectáreas se distribuirá entre cooperativas de campesinos sin tierras. Los terratenientes podrán quedarse con sus campos de hasta esa extensión siempre que lo trabajen ellos mismos.

Toda la suspicacia que "los barbudos" habían despertado en EE.UU. —que no comprendía la situación de América Latina— estalla ahora:

En el gobierno cubano el sector de Urrutia teme que se rompan los vínculos con EE.UU. Fidel fija su posición:

¡NO POSTERGAREMOS NUESTROS PROYECTOS PORQUE A ELLOS LES CAIGAN MAL! ¡SI QUIEREN ENTENDERNOS Y AYUDARNOS, BIEN! ¡Y SI NO, AL DIABLO CON ELLOS...!

El **Che** es ya el principal consejero de Fidel. En junio escribe para la revista brasileña **O Cruzeiro** dos artículos en los que recuerda cómo conoció a Fidel, cómo se sumó a la Revolución y cómo se hizo entrañable la amistad entre ambos.

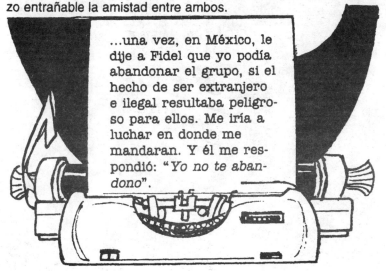

...una vez, en México, le dije a Fidel que yo podía abandonar el grupo, si el hecho de ser extranjero e ilegal resultaba peligroso para ellos. Me iría a luchar en donde me mandaran. Y él me respondió: "*Yo no te abandono*".

Mientras el 2 de junio él se casa finalmente con Aleida March, la Revolución recibe ataques cotidianos de EE.UU. y sus aliados y se enfrenta a una opción: buscar nuevos aliados. El Che tiene una posición definida:

YO CREO QUE NO DEBEMOS ALIARNOS NI CON EUROPA OCCIDENTAL NI CON LA UNIÓN SOVIÉTICA, SINO CON LOS PAÍSES DEL TERCER MUNDO QUE QUIEREN SALIR DEL SUBDESARROLLO, COMO NOSOTROS.

BUENO, CHICO, TÚ IRÁS POR TRES MESES A ASIA Y ÁFRICA A PRESENTARLES NUESTRA REVOLUCIÓN A LOS LÍDERES DE ESOS PAÍSES. SERÁ UNA MISIÓN COMERCIAL DE BUENA VOLUNTAD.

Mientras Guevara cumple su misión, una crisis en el gobierno termina con el remplazo del presidente Urrutia por Osvaldo Dorticós Torrado. El Che se entrevista con Nasser en Egipto, con Tito en Yugoslavia, con Nehru en la India, con Sukarno en Indonesia. Su imagen empieza a hacerse familiar en el mundo.

En setiembre regresa de su gira afirmado y entusiasmado. Lo que vio, escuchó y estudió lo convence del camino a seguir.

DEBEMOS CREAR MILICIAS POPULARES, PARA QUE EL PUEBLO MISMO DEFIENDA SU REVOLUCIÓN, ES NECESARIO INDUSTRIALIZARNOS Y TENEMOS QUE UNIRNOS AL TERCER MUNDO.

Mientras tanto en Cuba se han dado pasos profundamente revolucionarios. Decenas de cuarteles se convierten en escuelas, se abren listas de educadores voluntarios. Esto se costea con impuestos a las bebidas alcohólicas. El gobierno de los jóvenes rebeldes —su promedio de edad es de 33 años— empieza a cumplir con los sueños colectivos.

El pueblo está eufórico a pesar de la creciente hostilidad norteamericana. También algunos ex guerrilleros se oponen a los cambios radicales. Hubert Matos, entre ellos, se rebela contra Fidel. Junto con sus seguidores es juzgado y condenado a prisión. Aviones piratas de EE.UU. bombardean e incendian cañaverales.

Poco después desaparece un avión en el que viaja Camilo Cienfuegos. Fidel pierde a uno de sus tres hombres de máxima confianza (los otros son su hermano Raúl y el Che). El Che es el más radicalizado de los revolucionarios.

DEBEMOS PROCLAMAR EL ESTADO SOCIALISTA, FIDEL

ESTOY DE ACUERDO CONTIGO, PERO NO NOS APRESUREMOS CON LAS DEFINICIONES, ESO PONDRÁ MÁS NERVIOSOS A LOS GRINGOS...

YO HABLO DE UN SOCIALISMO A LA CUBANA, SIN COPIAR MODELOS, APROVECHANDO LAS AYUDAS POSIBLES PERO SIN TRAICIONAR A LA REVOLUCIÓN... NI DETENERLA.

QUIZÁS TIENES RAZÓN, CHICO. QUIZÁS DEBAMOS MOSTRARLES A LOS GRINGOS QUE CUBA TIENE EN DÓNDE APOYARSE. ANUNCIAREMOS NUESTRA ADHESIÓN A LOS PAÍSES NEUTRALES.

Ser neutral significa abstenerse del juego de poder entre las dos grandes potencias que libraban la Guerra Fría: EE.UU. y la URSS. En 1959 EE.UU. tiene una consigna: América Latina es su área de influencia y no puede haber neutrales en esa región. La tensión con el gobierno del general **Dwight Eisenhower** crece, pero esto no detiene los proyectos de industrialización e independencia. El 7 de octubre de 1959, después de que el Che despliega una serie de propuestas de desarrollo en las que ha estado trabajando, Fidel toma una resolución:

TE DESIGNARÉ DIRECTOR DEL DEPARTAMENTO DE INDUSTRIAS.

Poco después —el 26 de noviembre de 1959— le es asignado una nueva responsabilidad: la Presidencia del Banco Nacional de Cuba, en remplazo del economista Felipe Pazos. Ahora es él quien encabeza la economía cubana. Es una tarea difícil: EE.UU. está presionando cada vez más. Amenaza con no comprar azucar, impide que otros países (Gran Bretaña y Bélgica) vendan a Cuba aviones y armas. Estas actitudes refuerzan el sentido patriótico de los cubanos y la decisión de defender el proceso que viven.

Hasta tal punto Guevara está consustanciado con este pueblo y con su Revolución que cuando se lanza una nueva emisión de moneda él, como Presidente del Banco, pone una firma simple, contundente, que habla por sí sola. Desde entonces, su imagen aparece en billetes y monedas como símbolo del hombre nuevo.

En su oficina trabaja desde el mediodía hasta las 3 de la mañana, estudia, decide medidas, toma mate, fuma su pipa y viste siempre como si estuviera en pleno combate en la Sierra. El 26 de diciembre de 1959 produce su primer informe desde el Banco:

La producción fue un 29% mayor a la del año pasado; la producción de carne subió un 70%; el 1o. de enero había 371.000 desocupados, hoy son 237.000 y el producto bruto nacional aumentó de 2,6 a 2,8.

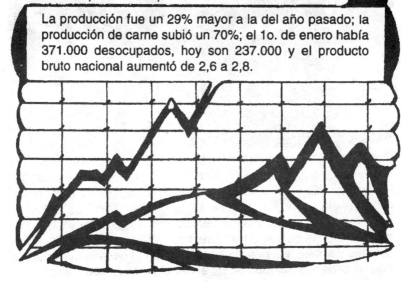

Desde su cargo el Che dicta controles para la importación de artículos de lujo, a los que se aplican altos impuestos, mientras en las Tiendas del Pueblo aumenta la existencia de productos de primera necesidad. A las críticas de algunos sectores, responde en un reportaje.

SÓLO LOS RICOS DICEN QUE LA VIDA ESTÁ MÁS CARA. LOS POBRES NO OPINAN ASÍ: ELLOS AHORA TIENEN ABRIGOS, PAN, LECHE, FRUTA, DULCES, CAMISETAS. ANTES NI EN NAVIDAD PODÍAN COMPRARLO.

Entre sus iniciativas está el gran incremento de la exportación de azúcar (pasa de un millón a 1 millón 900 mil toneladas), lo que permite acercarse a uno de sus sueños: acelerar la industrialización.

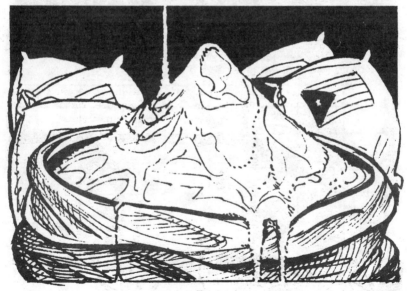

Además de todo, se da tiempo para escribir y publicar un libro — **La guerra de guerrillas**—, que dedica a Camilo Cienfuegos y en el cual vuelca sus ideas, su experiencia, su reflexión acerca de lo vivido y aprendido. Define en tres puntos la esencia de la guerrilla:

1o.) Las fuerzas populares pueden ganar una guerra contra el ejército; 2o.) no siempre hay que esperar que se den las condiciones para la Revolución pues el foco insurreccional puede crearlas; 3o.) en la América subdesarrollada el terreno de la lucha armada debe ser 'fundamentalmente el campo".

El libro, además de dejar sentada la **Teoría del Foco** (que años después grupos guerrilleros urbanos comprenderían mal y confundirían con el mesianismo) contiene su perfil del guerrillero:

Lucha con la intención de destruir un orden injusto, con la intención de colocar algo nuevo en lugar de lo viejo. Debe cuidar su conducta moral. Debe ser un asceta.

Cuba está en los ojos de todos. Los militares del Pentágono estadounidense y de los países latinoamericanos leen el libro del Che y buscan antídotos. En febrero de 1960 el canciller soviético **Anastas Mikoyan** visita el país y ofrece ayuda económica pese a que la Revolución no sigue la ortodoxia soviética. Poco después llegan el filósofo existencialista francés **Jean Paul Sartre** y su pareja, la escritora **Simone de Beauvoir**. Luego de recorrer la isla, Sartre saca conclusiones.

AHORA ENTIENDO QUE ESTA REVOLUCIÓN ES ORIGINAL PORQUE HACE LO QUE HACE FALTA SIN TRATAR DE DEFINIRLO POR UNA IDEOLOGÍA PREVIA.

La Guerra Fría está un momento crítico, la relación entre EE.UU. y la URSS empeora cada día por motivos políticos, económicos o estratégicos. El Che, que por esos días habla mucho con el economista marxista **Carlos Rafael Rodríguez**, lanza en mayo un plan de industrialización acelerada, quiere producir muchos más productos además de azúcar. Estos pasos preocupan cada vez más a EE.UU. que presiona amenazando con no comprar más azúcar y con no vender más combustible. El **Che** se convierte en el más firme defensor público del proceso en marcha.

Ante los ojos estadounidenses, se convierte en el centro de las miradas y las sospechas. El 8 de agosto de 1960, ocupa la tapa del semanario Time, que lo considera "una figura fascinante y peligrosa".

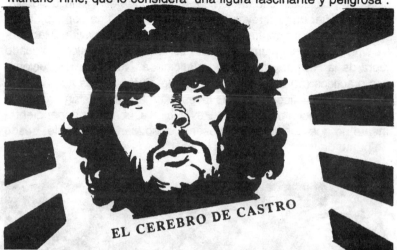

EL CEREBRO DE CASTRO

EE.UU. deja de comprar azúcar cubana y es remplazado rápidamente por la URSS y China. El Che decide que no se pagarán más deudas norteamericanas. En setiembre una multitudinaria asamblea popular (participan cientos de miles de personas) aprueba un repudio —redactado por Fidel, Raúl y el Che— al intervencionismo norteamericano. EE.UU. replica suspendiendo todo comercio con Cuba.

NOS TEMEN, QUIEREN AISLARNOS Y DESTRUIRNOS PORQUE TEMEN NUESTRO EJEMPLO Y TEMEN QUE EN TODA AMÉRICA FLOREZCAN LAS COOPERATIVAS Y SE EXTINGA EL LATIFUNDIO...

En este momento el Che se convierte en el más sólido ideólogo de la Revolución Cubana. Como consecuencia publica un ensayo (**Notas para el estudio de la ideología de la Revolución Cubana**). Allí dice: "La revolución cubana toma a Marx donde éste dejó la ciencia, para empuñar un fusil revolucionario y lo toma allí no por espíritu de revisión, de luchar contra lo que sigue a Marx, de revivir al Marx puro, sino porque simplemente hasta allí Marx, el científico, colocado fuera de la Historia, estudiaba y vaticinaba. Nosotros, revolucionarios prácticos (...) estamos simplemente ajustándonos a las predicciones del científico Marx. Las leyes del marxismo están presentes en los acontecimientos de la Revolución Cubana, independientemente de que sus líderes profesen o conozcan cabalmente, desde un punto de vista teórico, esas leyes".

En noviembre de 1960 **John Fitzgerald Kennedy** —un demócrata— es elegido presidente de EE.UU. en reemplazo de Eisenhower. Se abren esperanzas de "coexistencia pacífica" entre las dos grandes potencias y esto bien puede beneficiar a Cuba. En esos días la revista **Look** publica una entrevista al Che.

Ya es el hombre más influyente de Cuba después de Fidel. Su perfil humano va mostrando cada vez más facetas. El historiador Hubert Mathews lo define así en esos días:

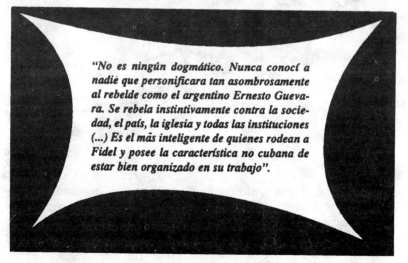

"No es ningún dogmático. Nunca conocí a nadie que personificara tan asombrosamente al rebelde como el argentino Ernesto Guevara. Se rebela instintivamente contra la sociedad, el país, la iglesia y todas las instituciones (...) Es el más inteligente de quienes rodean a Fidel y posee la característica no cubana de estar bien organizado en su trabajo".

En esos días se multiplican los libros y notas periodísticos con relatos de la guerra revolucionaria. El Che insta a periodistas y a escritores a respetar la veracidad en sus narraciones, a no exagerar ni glorificar en vano. Un periodista cubano, amigo de él, recibe una carta de Guevara:

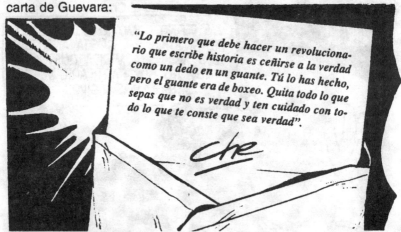

"Lo primero que debe hacer un revolucionario que escribe historia es ceñirse a la verdad como un dedo en un guante. Tú lo has hecho, pero el guante era de boxeo. Quita todo lo que sepas que no es verdad y ten cuidado con todo lo que te conste que sea verdad".

Celia, su madre, lo ha visitado en Cuba y está entusiasmada con la revolución de la que su hijo amado es protagonista. También ella escribe. Publica una serie de artículos sobre el proceso en marcha, en el periódico socialista **La Vanguardia**, que dirige en Buenos Aires **Alicia Moreau de Justo**.

Allí se lee: *"Los guerrilleros aprendieron a pelear, peleando y a gobernar, gobernando. Cada uno descubrió en sí mismo condiciones insospechadas que salieron a flote desde el fondo dormido de su personalidad y que los hicieron capaces de desempeñar los oficios más diversos".*

El 5 de febrero de 1961 el legendario líder socialista argentino **Alfredo L. Palacios** —incondicional admirador de la nueva Cuba— es elegido diputado gracias al apoyo de la juventud, que admira a la revolución elogiada por Palacios. El Che disfruta de ese triunfo a la distancia. El, a su vez, admira a Palacios, a quien conoce pocos meses antes, en la isla.

Otro argentino ilustre, el filósofo **Ezequiel Martínez Estrada** (autor de la fundamental **Radiografía de la pampa**) visita en esa época Cuba para conocer la sorprendente y original revolución y también a "ese argentino legendario", el Che. Escribe Martínez Estrada:

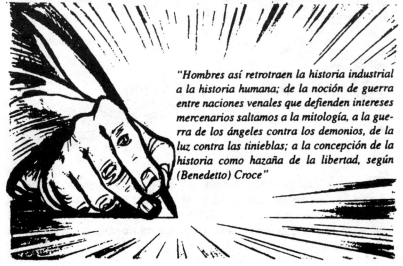

"Hombres así retrotraen la historia industrial a la historia humana; de la noción de guerra entre naciones venales que defienden intereses mercenarios saltamos a la mitología, a la guerra de los ángeles contra los demonios, de la luz contra las tinieblas; a la concepción de la historia como hazaña de la libertad, según (Benedetto) Croce"

En largas noches de mate y charla, Martínez Estrada y el Che revisan temas públicos y privados. Construyen un profundo cariño mutuo. El filósofo recuerda después la despedida: *"Paternalmente él, que puede ser mi hijo, me conduce del brazo como si cumpliera conmigo su misión de amparar y guiar"*.

Mientras tanto, Cuba vive momentos difíciles. Tres días antes de dejar el poder, en enero de 1961, Eisenhower rompe relaciones con La Habana. El nuevo gobierno estadounidense continúa con la preparación de una invasión que había empezado a planear su antecesor. El jefe de la CIA (Agencia Central de Inteligencia) convence a Kennedy con una idea errónea:

APENAS DESEMBARQUEMOS, TODO EL PUEBLO SE ALZARÁ CONTRA CASTRO.

El 17 de abril de 1961 se produce la invasión que se convierte, de inmediato, en una oprobiosa derrota de los anticastristas. Son vencidos por los 250 mil soldados del Ejército Rebelde, cuyo entrenamiento está a cargo del Che. Los patriotas cubanos estrenan armas y aviones provistos por la URSS y Checoslovaquia. La **Playa Girón**, en la **Bahía de Cochinos**, se convierte en un lugar histórico: la Revolución Cubana gana su primera batalla frente a un invasor. El gobierno de Kennedy sufre, a su vez, su primera gran crisis. El Presidente debe hacerse cargo.

El 1º de Mayo, Día de los Trabajadores, hay un gigantesco mitin en La Habana. Se rinde homenaje a los héroes de Playa Girón que vencieron a los **gusanos** (así son bautizados los anticastristas). Allí Fidel hace un anuncio trascendental:

A esto se suma, poco después, la iniciativa de construir el Partido Unico de la Revolución Socialista de Cuba (PURSC), en el que se unen el Movimiento 26 de Julio (fidelistas), el Directorio Revolucionario (estudiantes) y el Partido Socialista Popular (comunistas). Los comunistas intentan apoderarse de la conducción. Esto se evita gracias a una iniciativa del Che.

El 3 de junio en Viena se entrevistan Kennedy y Nikita Kruschev, el premier soviético. Kruschev hace una advertencia:

CASTRO NO ES COMUNISTA, PERO USTEDES LO ESTÁN EMPUJANDO A SERLO...

En esos días un grupo de estudiantes visita al Che en el Ministerio de Industrias, que él ocupa. Quieren homenajearlo por Playa Girón. Se encuentran con una respuesta ejemplar.

AQUÍ NO HACEN FALTA HOMENAJES SINO TRABAJO. LOS HONORES ME IMPORTAN UNA MIERDA. Y SI USTEDES SON REVOLUCIONARIOS, BUSQUEN PUESTOS DE LUCHA EN LAS FÁBRICAS...

El 5 de agosto de 1961 se van a reunir en Punta del Este, Uruguay, los ministros de economía de toda América. Van a dar forma a la **Alianza para el Progreso**, un plan de ayuda económica continental financiado por EE.UU. Fidel decide al Che como representante cubano. Cuando llega al aeropuerto de Carrasco, en Montevideo, miles de personas lo esperan.

Centenares de argentinos peregrinan a Punta del Este para conocer o reencontrarse con su legendario compatriota. El Che se encuentra con sus padres, con sus hermanos, con viejos y queridos amigos.

Su discurso es el más esperado. Habla el martes 8, después de que el argentino Raúl Prebisch, representante de **CEPAL** (Comisión Especial de las Naciones Unidas para América Latina) critica duramente a las directivas que pretende imponer el Fondo Monetario Internacional (**FMI**). El Che habla con claridad y firmeza:

SE INICIA UNA NUEVA ETAPA EN AMÉRICA Y COMIENZA BAJO EL SIGNO DE CUBA LIBRE...

LA NUESTRA ES UNA REVOLUCIÓN AGRARIA, ANTIFEUDAL, ANTIMPERIALISTA QUE SE FUE TRANSFORMANDO EN UNA REVOLUCIÓN SOCIALISTA DEBIDO A SU EVOLUCIÓN INTERNA Y A LAS AGRESIONES EXTERNAS. ASÍ LO PROCLAMAMOS: UNA REVOLUCIÓN SOCIALISTA!

PEDIMOS QUE SE NOS DEJE EN PAZ, QUE NOS DEJEN DESARROLLAR, QUE DENTRO DE 20 AÑOS VENGAMOS TODOS OTRA VEZ A VER SI EL CANTO DE SIRENA ERA DE CUBA REVOLUCIONARIA O ERA DE OTRO.

NO PODEMOS DEJAR DE EXPORTAR NUESTRO EJEMPLO, PORQUE EL EJEMPLO ES ALGO ESPIRITUAL, QUE TRASPASA LAS FRONTERAS.

La Alianza para el Progreso destina 20 mil millones de dólares al desarrollo latinoamericano pero excluye a Cuba (por presión estadounidense). A pesar de esto durante un mes se negocia la posibilidad de un acercamiento entre EE.UU. y Cuba, que no se concretará. En esos días el Che es la presa favorita de los periodistas de todo el mundo y da dos respuestas que lo retratan en toda su dimensión:

El 16 termina la reunión y el Che da varias conferencias ante estudiantes y trabajadores uruguayos. Luego —el 18 de agosto viaja en secreto a Buenos Aires para encontrarse con el presidente Arturo Frondizi. El encuentro se hace a espaldas de los militares argentinos que se oponían. El Che regresa de inmediato a Uruguay y de allí va a Brasil, donde es recibido por el presidente Janio Quadros. Ambos presidentes intentaban desarrollar a sus países mediante planes desarrollistas (Frondizi) o reformistas (Quadros). Ambos querían mediar entre EE.UU. y Cuba. Ambos fueron derrocados por los militares de sus países (Frondizi en marzo de 1962, Quadros en el mismo agosto de 1961, tras recibir al Che). El presidente argentino recordará así a Guevara muchos años después:

ERA UN TEMPERAMENTO IDEALISTA, DECIDIDO Y APASIONADO, PERO SE EQUIVOCABA AL APRECIAR LA SITUACIÓN LATINOAMERICANA. EN CIERTO SENTIDO SUS TESIS REVOLUCIONARIAS ERAN PRIMITIVAS, NO CORRESPONDÍAN A LA SITUACIÓN MUNDIAL. ME DIJO QUE ÉL NO ERA UN TEÓRICO MARXISTA, PERO CREÍA EN LA VICTORIA DEL SOCIALISMO.

La situación mundial es cada vez más tensa (el 16 de agosto de 1961, Berlín queda dividida en dos cuando las autoridades comunistas levantan el tenebroso Muro). En Cuba la situación económica empieza a sufrir el bloqueo. El Che admite errores de su parte: se da cuenta que no basta con entusiasmo y pasión para mantener el nivel de la producción. Fidel Castro declara marxista a la Revolución y a fines de enero de 1962 Kennedy, como respuesta, consigue que Cuba sea expulsada de la OEA (Organización de Estados Americanos). Cuba vota en contra. Argentina, México, Brasil, Bolivia, Chile y Ecuador se abstienen.

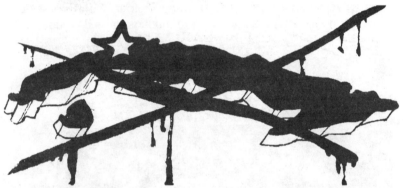

Los sectores conservadores de EE.UU. y los anticastristas refugiados piden más dureza al gobierno de Kennedy. En territorio cubano se montan bases de cohetes nucleares soviéticos para defenderse de una nueva (y posible) invasión. Aviones de espionaje estadounidenses las descubren.

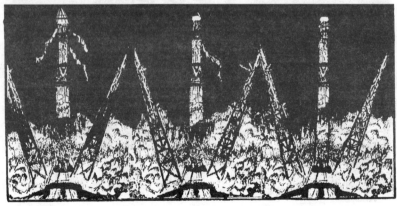

En octubre estalla la crisis. Los militares del Pentágono estadounidense quieren bombardear Cuba, aun a riesgo de desatar una guerra nuclear. Kennedy logra convencerlos de intentar primero un bloqueo total. La angustia recorre el mundo: ¡es inevitable la guerra entre EE.UU. y la URSS!

A UN PASO DE LA GUERRA: ¿Bombardearán Cuba?

El 27 de octubre termina la crisis y el planeta vuelve arespirar. La URSS se compromete a retirar los cohetes bajo la supervisión de la ONU y EE.UU., a su vez, firma un pacto de no agresión a Cuba. El Che, que durante la crisis ocupa un puesto militar en Pinar del Río, no está de acuerdo con la solución, pero la acata.

PAZ ENTRE EEUU Y URSS

En esos días él, como Ministro de Industria, debe admitir un error: no es posible industrializar rápidamente a Cuba a costa de la agricultura. Víctima de años de subdesarrollo el país debe seguir siendo agroexportador, basándose en el azúcar.

La Revolución Cubana se convierte en la principal deudora de la URSS, para dolor del Che que había soñado con un proceso autónomo y original. Puesto a intensificar la producción agrícola Guevara se sumerge en una nueva polémica con los comunistas. Ellos creen en los estímulos materiales a los trabajadores. El, en cambio, sostiene la importancia de los estímulos morales.

Cada vez más, el Che se convierte en adalid de la autonomía cubana. Se opone a la creciente ingerencia comunista en la Revolución, que cumple ya tres años.

En esos días proclama que los cubanos deben afrontar la producción y el trabajo con el mismo espíritu conque afrontaron el combate. En sus cartas defiende el derecho cubano a hacer su propia revolución "bravía y alegre". Y empieza a firmar sus cartas con una consigna que pronto es adoptada por el gobierno para todas las declaraciones y documentos.

Ante sus compañeros más cercanos, define su idea de socialismo:

EL SOCIALISMO ES ALGO MUCHO MÁS IMPORTANTE QUE UNA GRAN REPARTIJA. ES UNA FORMA NUEVA DE VIDA. UNA ACTITUD DESPROVISTA DE PREJUICIOS Y AMBICIONES ESTÚPIDAS. LUCHAMOS CONTRA LA MISERIA Y CONTRA LA ENAJENACIÓN.

También lucha contra el menor asomo de privilegios. En cada fábrica que visita recuerda a los trabajadores que de la entrega de ellos dependerá que sus hijos reciban los frutos de la Revolución. Para poner el ejemplo él mismo suele ir a los cañaverales a cortar caña.

En los pocos instantes libres que le quedan escribe La guerra de guerrillas: un método. Con ese libro intenta plantear una opción para los países latinoamericanos. Y además es un mensaje para EE.UU.: marginada de la comunidad de América Latina, Cuba se consideraba libre de exportar su modelo.

Nuestro deber es ser sensibles ante todas las miserias del mundo, ante todas las explotaciones e injusticias. Martí dijo: *"Todo hombre verdadero debe sentir en la mejilla el golpe a cualquier mejilla de otro hombre".*

Entre sus propuestas de entonces está la de transformar al "hombre lobo" de la sociedad capitalista en un Hombre Nuevo. En ese difícil año 1963, dos hombres claves del siglo, desaparecen de escena...
El 3 de junio muere en Roma el **Papa Juan XXIII**, un gran humanista que actualizó a la Iglesia y bregó por la justicia social...
El 22 de noviembre, en Dallas, es asesinado el presidente **Kennedy** y el crimen se atribuye a fuerzas ultra conservadoras del establishment estadounidense.

El vicepresidente Lyndon Johnson —un duro texano— se convierte en el nuevo presidente de EE.UU. Será responsable de sumergir definitivamente a su país en la Guerra de Vietnam, la gran derrota estadounidense del siglo. La victoria norvietnamita llegará nueve años más tarde y será considerada como una reivindicación de todo el Tercer Mundo. Mientras tanto, en 1964, el Che asume la voz de Cuba en varios foros internacionales —especialmente económicos— y fustiga incondicional y duramente a la política intervencionista de EEUU.

El 31 de marzo de 1964 un golpe militar instala en Brasil a una dictadura (encabezada por el general Humberto Castelo Branco). Ese gobierno terrorista perdurará por más de dos décadas. Brasil rompe relaciones con Cuba. Argentina lo había hecho poco antes del derrocamiento de Frondizi y el ejército presiona al presidente Arturo Umberto Illia para que no las reanude. En octubre la OEA decide que todos sus países rompan relaciones con Cuba. Sólo México desobedece. El Che, ante un periodista francés, no calla sus ideas.

EL SOCIALISMO NO PODRÁ IMPONERSE EN AMÉRICA LATINA POR LA VÍA PARLAMENTARIA. LOS IMPERIALISTAS Y SUS MARIONETAS OBLIGAN A USAR LA VÍA ARMADA.

El 27 de mayo de 1964 muere Sri Pandit Jawáharlál Nehru, primer ministro de la India, líder pacifista e independentista del Tercer Mundo. El 15 de julio Nikita Kruschev es desalojado del poder en la URSS y remplazado por el conservador Leonid Breznev. El panorama mundial es cada vez más belicista. En Cuba, la figura del Che se debilita a causa de su equivocación en la planificación económica al menospreciar la producción azucarera en pos de una rápida —y fracasada— industrialización. Aún así es moral e ideológicamente invulnerable y sus ideas siguen apareciendo en las cartas, documentos y textos que escribe sin pausas.

En esos días llegan a sus manos composiciones escolares de niños cubanos y esto lo conmueve y se da cuenta de aspectos de su propia vida.

En la política interna, combate ferozmente por sus ideas. Es considerado un duro: cree que hay que redoblar los esfuerzos colectivos y el compromiso, se niega a los estímulos materiales. El blando es el presidente Dorticós (apoyado por la vieja guardia comunista), quien propone estímulos materiales y ciertas formas de rentabilidad y ganancia individual. Fidel debe actuar de árbitro. La URSS presiona en contra de las propuestas del Che.

La idea está instalada en su mente y allí germinará. Por eso sus opiniones son cada vez más libres y radicales.

QUIERO LLEVAR LA REVOLUCIÓN A OTRAS TIERRAS, FIDEL. DAME TIEMPO, HOMBRES Y ARMAS Y YO TE PRESENTARÉ UN PLAN. SÓLO ESO PIDO. FIDEL, CREO QUE DEBEMOS ALIARNOS CON LOS PAÍSES NEUTRALISTAS Y SUBDESARROLLADOS. PARA LOS SOVIÉTICOS SOMOS SECUNDARIOS Y SI ESTAMOS MUY CERCA DE ELLOS, NOS ARRASTRARÁN EN CUALQUIER CONFLICTO.

Poco después, el 11 de diciembre de 1964, el Che habla en la Asamblea General de la ONU. Ataca con fuerza e ironía a la política intervencionista de EE.UU. Cuando es acusado de comunista por el representante estadounidense, se defiende con lucidez y con un lenguaje encendido y culmina con una frase premonitoria.

NACÍ EN LA ARGENTINA, LUCHÉ EN CUBA, SOY CUBANO, SOY ARGENTINO, ME SIENTO UN PATRIOTA LATINOAMERICANO. ESTARÍA DISPUESTO A ENTREGAR MI VIDA POR CUALQUIER PAÍS DE AMÉRICA LATINA SIN PEDIR NADA, SIN EXIGIR NADA, SIN EXPLOTAR A NADIE.

Aprovecha su presencia en la Asamblea de la ONU para hacer contacto con las delegaciones de los países africanos. Es invitado a Ghana, Guinea y Mahli. Viaja de inmediato. Divulga sus ideas acerca del Hombre Nuevo, de la necesidad de presionar a la URSS para que apoye económicamente a los procesos de descolonización. Los africanos lo bautizan El Mao de América Latina, recordando al líder chino Mao Tse Tung y su teoría de la revolución permanente.

Después de participar en febrero, en Argel, en una reunión de países neutrales viaja de incógnito a China y se entrevista con Mao. Se compromete a encabezar rebeliones armadas en todo el continente para extender la revolución y pide a China la ayuda que la URSS niega. Mao acepta a cambio de que el Che permanezca en Cuba para contrarrestar la influencia soviética.

Guevara no sólo se niega a ser usado en esa jugada política. Ve en ella un nuevo obstáculo para su sueño de extender el ejemplo revolucionario a toda América. Su frustración le provoca un agudo ataque de asma que deriva en una complicación cardíaca. Médicos chinos salvan su vida milagrosamente.

Cuando vuelve a Cuba, en marzo de 1964, han pasado tres meses de su partida. Encuentra a Fidel acosado por los comunistas cubanos para que se incline bajo el ala de la URSS, a cambio de ayuda económica.. El, sin embargo, cree más que nunca que los aliados deben ser otros países de América, en los que propone extender el fervor revolucionario. Tiene una larga y secreta charla con Castro. Se siente cada vez más solo en el panorama del gobierno cubano. Necesita transitar nuevos caminos.

A continuación inicia un retiro para meditar y planear sus pasos. Se va a un cañaveral con su amigo Alberto Granados. Desde allí, cuando decide volver a la guerrilla, escribe una carta a sus padres. Su madre no llega a leerla. **Celia de la Serna** muere de en mayo de 1965 sin conocer a Ernestito, su nieto más pequeño.

> *Queridos viejos:*
> *...vuelvo al camino con mi adarga al brazo...*
> *soy consecuente con mis creencias...*
> *muchos me dirán aventurero y lo soy, sólo que de un tipo diferente, de los que ponen el pellejo para demostrar sus verdades...puede que ésta sea la definitiva...*
> *los he querido mucho, sólo que no he sabido expresar mi cariño...*
> *mi voluntad sostendrá a mis piernas fláccidas y mis pulmones cansados...*
> *acuérdense de vez en cuando de este pequeño condottiero del siglo XX...*
> *Un gran abrazo de hijo pródigo y recalcitrante...*
>   *Ernesto*

El plan está completado. Es tiempo de despedidas. El Che envía cartas a las personas que más quiere. En cada una están sus sentimientos, sus pensamientos, su mirada sobre la vida. A su compañero de andanzas juveniles, Alberto Granados, le escribe:

"No sé qué dejarte. Te obligo, entonces a que te internes en la economía y en la caña de azúcar. Mis sueños no tendrán frontera hasta que las balas digan... Te espero, gitano sedentario, cuando el olor a pólvora amaine".

Entre todas las cartas se destaca una: es para Fidel.

"He cumplido la parte de mi deber que me ataba a la Revolución en este territorio y me despido de tí, de los compañeros, de este pueblo que ya es mío... hago formal renuncia de mis cargos... otras tierras del mundo reclaman mis modestos esfuerzos... llegó la hora de separarnos... lo hago con una mezcla de alegría y dolor... aquí dejo lo más puro de mis esperanzas...

Poco antes de que su figura empiece a fundirse lentamente en el misterio y la leyenda, el 12 de marzo de 1965 el semanario **Marcha**, de Montevideo, que dirige Carlos Quijano, ha dado a conocer uno de los textos fundamentales de Guevara; fragmentos de él:

El Socialismo y el hombre en Cuba

- La taras del pasado se trasladan al presente en la conciencia individual y hay que hacer un trabajo continuo para erradicarlas.
- La nueva sociedad tiene que competir muy duramente con el pasado.
- En la conciencia individual pesan los residuos de una educación orientada al aislamiento del individuo. Para construir el socialismo, simultáneamente con la base material hay que hacer al "hombre nuevo".
- El instrumento debe ser de índole moral fundamentalmente, sin olvidar una correcta utilización del estímulo maternal, sobre todo de naturaleza social.
- El hombre en el socialismo, a pesar de su aparente estandarización, es más completo; a pesar de la falta del mecanismo perfecto para ello, su posibilidad de expresarse y hacerse sentir en el aparato social es infinitamente mayor.
- El cambio no se produce automáticamente en la conciencia, como no se produce tampoco en la economía. La variaciones son lentas, no son rítmicas; hay períodos de aceleración, otros pausados, e incluso de retroceso.
- El revolucionario verdadero está guiado por grandes sentimientos de amor. Es imposible pensar en un revolucionario auténtico sin esta cualidad.
- Nuestros revolucionarios de vanguardia tienen que idealizar ese amor a los pueblos.
- Hay que tener una gran dosis de humanidad, una gran dosis de sentido de la justicia y de la verdad, para no caer en extremos dogmáticos, en escolasticismos fríos, en aislamiento de las masas.
- Todos los días hay que luchar porque ese amor a la humanidad viviente se transforme en hechos concretos, en actos que sirvan de ejemplo, de movilización.
- Nuestros hijos deben tener y carecer de lo que tienen y de lo que carecen los hijos del hombre común; nuestra familia debe comprenderlo y luchar por ello. La revolución se hace a través del hombre, pero el hombre tiene que forjar día a día el espiritu revolucionario.

Camino a la leyenda

El 3 de octubre de 1965, Fidel despide oficialmente al Che al leer públicamente la carta que él le dejó. Con esto se destruyen las versiones según las cuales los comunistas cubanos habían matado a Guevara. A partir de entonces los sectores prosoviéticos del gobierno cubano tendrán cada vez más poder. Mientras tanto el Che parte hacia Africa. Llega a Brazaville (ex Congo francés) acompañado de un pequeño grupo de guerrilleros cubanos. Desde allí planea sumarse a la lucha de los rebeldes del ex Congo belga contra Moisé Tshombé, presidente colonialista.

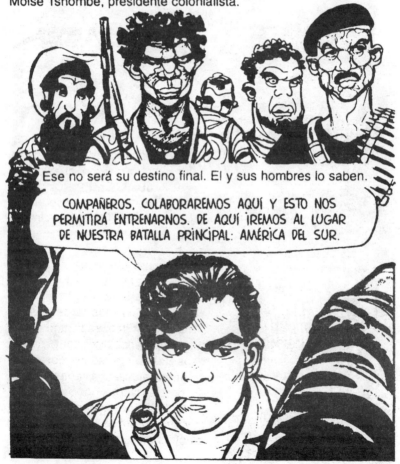

Ese no será su destino final. El y sus hombres lo saben.

COMPAÑEROS, COLABORAREMOS AQUÍ Y ESTO NOS PERMITIRÁ ENTRENARNOS. DE AQUÍ IREMOS AL LUGAR DE NUESTRA BATALLA PRINCIPAL: AMÉRICA DEL SUR.

En marzo de 1966 abandona Africa con el centenar de hombres que lo sigue. Fidel le ha pedido que lo haga (*"la presencia de cubanos allí compromete a la Revolución"*). Castro lo quiere en Cuba, donde se reúne la Primera Conferencia de Solidaridad de los Pueblos de Asia, Africa y América Latina (la Tricontinental), con 450 participantes. Pero él prefiere seguir su derrotero hacia América del Sur. Con grandes cambios físicos recorre de incógnito Uruguay, Brasil y Paraguay para empaparse de la situación social y política.

El 28 de junio de 1966 es derrocado en Buenos Aires el presidente **Arturo Illia** y usurpa el poder el General **Juan Carlos Onganía**, quien pocas semanas después ordena a la policía destruir la Universidad, en la tenebrosa **"Noche de los bastones largos"**. Hay heridos, detenidos y muchos profesores y alumnos se exilian. Empiezan a prepararse las condiciones que diez años más tarde desembocan en **"el proceso"**, uno de los mayores genocidios contemporáneos (30.000 personas desaparecerán y serán asesinadas), iniciado por el general Videla, el almirante Massera y el brigadier Agosti, y que durará siete años al frente de otros militares.

Para el Che, el golpe subversivo de Onganía, prepara las condiciones para instalar un foco guerrillero en la Argentina. Con su disfraz llega a Córdoba, permanece veinte días e intenta reclutar jóvenes guerrilleros. No lo consigue. Su nuevo destino es Bolivia: ingresa con un nuevo rostro y convertido en Adolfo Mena, "enviado especial de la Organización de Estados Americanos", que llega a estudiar las condiciones económicas y sociales que predominan en el campo boliviano. El 3 de setiembre de 1966 el gobierno boliviano lo recibe oficialmente y le ofrece toda la cooperación necesaria.

Allí se encuentra con los hermanos Roberto (**Coco**) y Guido (**Inti**) Peredo, bolivianos a quienes conoció en 1965, en La Habana. Ellos creen que es posible crear un foco rebelde en Bolivia. Reunidos, trazan una estrategia.

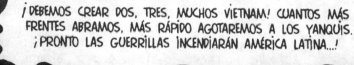

¡DEBEMOS CREAR DOS, TRES, MUCHOS VIETNAM! CUANTOS MÁS FRENTES ABRAMOS, MÁS RÁPIDO AGOTAREMOS A LOS YANQUIS. ¡PRONTO LAS GUERRILLAS INCENDIARÁN AMÉRICA LATINA...!

En el cañón de **Nñancahuazú**, en el sur de Bolivia, a 100 Km. de donde muere el río Grande, que divide al país en dos zonas, se instala la primera base de operaciones guerrillera. En los meses siguientes se confeccionan uniformes de fajina, llega un contingente de combatientes cubanos y se reclutan guerrilleros bolivianos en la zona, en el campo, en la universidad.

La zona elegida es habitada por leopardos, jabalíes, antas e insectos. En noviembre de 1966 el grupo está consolidado. En la Nochebuena de ese año el Che ya ha iniciado la escritura de su **Diario de Campaña** y ya se llama **Ramón**, su nombre de guerra. El y sus combatientes hacen una modesta celebración navideña y brindan *"por el éxito de la empresa"*.

Pocos días después corta de plano las intenciones del Partido Comunista Boliviano que, a través de su máximo dirigente, **Mario Monje**, intenta controlar el movimiento y quitarle agresividad, para no comprometer a la URSS.

LO LAMENTO, PERO EL JEFE DE ESTA GUERRILLA SOY YO, Y NO ACEPTO NINGUNA IMPOSICIÓN.

La idea del Che es dominar la zona de Nñancahuazú y avanzar desde allí en pequeños grupos cosechando el apoyo del campesinado (explotado por la dictadura del general Barrientos), hasta llegar a Cochabamba (oeste) y Santa Cruz (sur). Fiel a su teoría, se propone ir creando **focos** de rebelión.

NUESTRA TÁCTICA SERÁ MORDER Y HUIR; ACECHAR, VOLVER A MORDER Y HUIR. PARA 1969 HABRÁ SUFICIENTES FOCOS EN BOLIVIA Y PERÚ Y MIENTRAS LOS YANKIS SE DESGASTAN COMBATIÉNDOLOS INGRESAREMOS EN LA ARGENTINA.

Marcos, un cubano, es nombrado jefe del grupo de vanguardia, que avanzará hacia Vallegrande. Otros nombres que formarán parte de la leyenda están ya en la guerrilla: los argentinos Ciro Bustos y Laura Gutiérrez Bauer **(Tania)**, el peruano Capac, El Chino, Mogambo, Tuma, Pombo, el médico cubano Moro y Regis Debray, un profesor de filosofía francés, de 26 años, que llevará el nombre de guerra de **Dantón** y a quien el Che, en su Diario, llamará *"buen intelectual y pésimo guerrillero"*. El contingente prepara refugios y pertrechos de combate.

El 26 de febrero, mientras sigue su camino en la selva, el grupo sufre lo que el Che llama "nuestro bautismo de muerte". Un guerrillero llamado Rolando, muere ahogado al pisar en falso y caer al agua del río Grande. Varias mochilas y otro hombre, Carlos, se pierden en un nuevo accidente. Algunos hombres empiezan a sentirse deprimidos y desalentados. ¿Tendrá éxito la empresa o es una quijotada?

El 27 de marzo de 1967 es —escribe el Che— "un día de acontecimientos guerreros". Primer enfrentamiento con el ejército boliviano, tras emboscar a una patrulla que, sospechando algo, se adentra en la selva. Mueren 7 soldados, 14 son hechos prisioneros, 4 son heridos, se captura armamento. Después de esto, 2000 hombres empiezan a rodear la zona y se preparan aviones y napalm para arrojar allí.

La guerra de guerrillas consiste en golpear y huir. El Che sabe que las acciones empezaron antes de lo previsto (su plan era comenzar en setiembre de 1967). Ahora no se puede volver atrás. Cuatro hombres son expulsados de la guerrilla pues se sospecha de su lealtad. Otros 13 desertan por temor al enfrentamiento con los **rangers** (militares entrenados por estadounidenses). Los rebeldes se dividen en dos grupos: 25 en uno al mando del Che, 17 en otro encabezado por **Joaquín**. El 3 de abril marchan hacia Vallegrande. El ejército, al mando del general Ovando Candia, llega poco después al lugar abandonado.

El 11 de abril en Iripití se produce el combate más sangriento. Mueren 11 soldados, 7 son heridos. Los guerrilleros tienen hasta ese día una sola baja en combate, Rubio, un guerrillero cubano. Es enterrado en la selva mientras el Che anota en sus diarios: *"Ningún campesino boliviano se nos ha unido aún... es un factor clave sin resolver"*.

El 21 de abril, después de largas deliberaciones, Debray y Bustos abandonan la guerrilla. Llevan la misión de difundir un manifiesto al pueblo boliviano. Pronto, sin embargo, son capturados en Yacunday. En su diario el Che no se miente a sí mismo: *"Estamos cada vez más aislados; hay indisciplina e imprevisión. Falta mucho para hacer de esto una fuerza combatiente, aunque la moral es alta"*.

Poco a poco se empiezan a sumar a la lucha contra el Ejército de Liberación Nacional (así se autobautizaron los guerrilleros) más divisiones de **rangers**, *boinas verdes* (tropas estadounidenses que fueron derrotadas en la Guerra de Vietnam) y aviones. Los campesinos, desmovilizados, no se suman a la guerrilla.

El 15 de mayo de 1967 los rebeldes atacan el tren que une Santa Cruz de la Sierra con Yacuiba y se apoderan de 50 toneladas de alimentos del ejército. Simultáneamente la columna del Che enfrenta en el río Grande a una patrulla del ejército. Mueren 7 soldados y 2 guerrilleros.

El 24 de junio, en la noche de San Juan, se decreta el estado de sitio y tropas del ejército ocupan las minas de Huanuni, Cataví y Siglo XX. En la operación mueren 24 mineros, entre ellos mujeres y niños, y son heridos 72. Los mineros se habían adherido a una proclama guerrillera difundida por el Che.

El Che y los guerrilleros deambulan por la selva evitando choques frontales. Ignoran que los mineros los apoyan y siguen frustrados por la indiferencia campesina: *"Son impenetrables como rocas"* — escribe el Che, desilusionado, en su Diario. Después de varios combates, de la toma de un pueblo (Samaipata), de provocar numerosas bajas en el ejército y de sufrir pérdidas (entre ellas la de **Inti Peredo**), el Che escribe:

SOMOS 22, CON 3 BALEADOS, INCLUYÉNDOME A MÍ... NOS FALTA CONTACTO... NOS FALTA INCORPORACIÓN CAMPESINA... LA LEYENDA, LA MORAL Y LA EXPERIENCIA DE LA GUERRILLA AUMENTA...
EL ASMA ME TRATA DURO Y SE VAN ACABANDO LOS MÍSEROS CALMANTES...

El 31 de agosto un batallón de 30 hombres del ejército boliviano — valiéndose de las infidencias de un campesino que poco antes vendió alimentos a los guerrilleros— tiende una emboscada a una columna guerrillera en la ribera del río Grande. Mueren 9 rebeldes —entre ellos **Tania** y **Joaquín**– y el único sobreviviente, **Paco**, es herido y tomado prisionero. El Che escribe en su diario sobre Joaquín: *"Es una pérdida irreparable"*.

Llega setiembre y las circunstancias empeoran. El ejército detiene a 16 jóvenes que actúan como enlace de la guerrilla en la ciudad, entre ellos Loyola Guzmán. Se pone precio a la cabeza del Che: 5000 dólares. En muchos lugares del mundo se desconfía de que Guevara esté de veras en Bolivia. El día 26, en La Higuera, cerca de Vallegrande caen **Coco** Peredo y **Antonio**, un veterano que combatió junto al Che en Sierra Maestra.

El principio del fin

Los últimos cuatro días de setiembre y los primeros seis de octubre de 1967 son tensos para los guerrilleros. Cercados, diezmados, sin provisiones, cada jornada promete ser la última.

El Che escribe las últimas páginas de su Diario. Está débil, el asma lo acosa, procura mantener en alto la moral de los sobrevivientes.

"OCTUBRE 7: HOY SE CUMPLEN ONCE MESES DE NUESTRA "INAUGURACIÓN GUERRILLERA..."

El 8 de octubre de 1967 es domingo. Ya hay 1800 soldados en los alrededores de **La Higuera**. Un campesino de nombre Víctor ha divisado a los guerrilleros y denuncia su posición al Ejército. Un grupo especial de 180 *rangers* avanza hacia el cañadón El Yuro. A las 13.15 empieza la batalla final. Cinco horas más tarde llega el fin de un sueño:

¡NO DISPAREN! ¡SOY EL **CHE**! ¡PARA USTEDES VALGO MÁS VIVO QUE MUERTO...!!!

¿Qué ocurre después? Las últimas horas en la vida del Che son un misterio que perdurará en los años que siguen. Es encerrado en una escuelita de La Higuera. Una anciana le lleva comida. La pena de muerte no existe. Pero el Che vivo —temen sus captores— se convertirá en una bandera para millones de soñadores con un mundo mejor. Desde La Paz llega una orden que nunca ningún militar boliviano admitirá haber dado o recibido: *"Ejecútenlo"*.

En la mañana del lunes 9 de octubre el Che —supuestamente herido— es trasladado a Vallegrande en un helicóptero del ejército. Va amarrado a los patines de la máquina, el peor lugar para transportar a un herido. Esto hace aumentar las sospechas sobre su destino.

En el mediodía del martes 10 de octubre de 1967 la Jefatura del Estado Mayor del Ejército confirma oficialmente la muerte de Ernesto **Che** Guevara. El parte dice que su muerte fue producto de "las heridas recibidas en combate". Ni el periodismo, ni la opinión pública internacional creen en esto. No tardará en saberse que Guevara fue fusilado —prisionero indefenso en la escuela de La Higuera— por el sargento **Mario Terán**. El agente de la CIA (Agencia Central de Inteligencia de los Estados Unidos) **Eduardo González** fue el encargado de verificar el cumplimiento de la orden.

El cadáver es exhibido en un lavadero del hospital de Vallegrande. La imagen se convertirá en una de las más dramáticas del siglo XX. Al día siguiente el cadáver desaparece de la vista. Oficialmente se dice que fue cremado. Sólo se rescatan sus manos, para la identificación. El 16 de octubre, en La Habana, Fidel Castro dice: *"La noticia de la muerte del Comandante Ernesto Guevara es dolorosamente cierta"*.

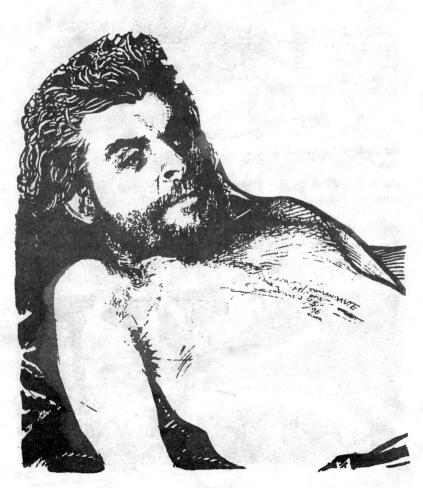

La vida eterna

En los años que siguen a su muerte el Che se convierte en un símbolo para la juventud, para los pueblos subdesarrollados, para los soñadores de utopías que vivieron y viven en el mundo. De él se recordará que dijo:

"UN REVOLUCIONARIO LO ES POR AMOR Y NO POR ODIO SI ACTUARA INFLUENCIADO POR EL ODIO SÓLO SERÍA UN MERCENARIO".

"ACTÚO COMO PIENSO Y SOY LEAL A MIS CONVICCIONES".

"VIVO PROFUNDAMENTE EL DOLOR, LA MISERIA, CUALQUIER DOLOR CUALQUIER MISERIA"

"SIENTO RECHAZO POR EL DINERO. ES UN FETICHE DE MIERDA".

De él dirá Fidel Castro el 18 de octubre de 1967, ante cientos de miles de personas, en la Plaza de la Revolución de La Habana:

¿CÓMO QUEREMOS QUE SEAN LOS HOMBRES DE LAS FUTURAS GENERACIONES? ¡QUE SEAN COMO EL CHE! ¿CÓMO QUEREMOS QUE SE EDUQUEN NUESTROS NIÑOS? ¡QUE SE EDUQUEN EN EL ESPÍRITU DEL CHE!

De él escribirá Julio Cortázar:

Yo tuve un hermano
que iba por los montes
mientras yo dormía.
Lo quise a mi modo
le tomé su voz
libre como el agua.
Camino de a ratos
cerca de su sombra.
No nos vimos nunca,
pero no importaba.
Mi hermano despierto
mientras yo dormía.
Mi hermano mostrándome
detrás de la noche
su estrella elegida
mientras yo dormía.

En La Higuera, los campesinos lo reivindicarán como **San Ernesto de La Higuera** y harán de la escuelita su altar. En el mismo año de la muerte del Che, el Papa Paulo VI lanza la encíclica **Populorum Progressio** (Desarrollo de los Pueblos), uno de cuyos párrafos dice:

"La Tierra ha sido creada por Dios para todos los hombres. El derecho de propiedad y de libre comercio están subordinados al derecho fundamental que tiene cada uno a encontrar lo que necesita. Ante las exigencias fundamentales del bien común no existe derecho incondicional ni absoluto de propiedad. Es la reforma que hay que realizar para combatir y vencer la injusticia..."

De él, quienes lo conocieron, dirán que amaba la poesía, que leía a Goethe y a Hegel, que rechazaba los honores, que era capaz de aplicarse los mismos castigos destinados a sus subordinados cuando no cumplía acertadamente con su trabajo, que era tímido y apasionado, que era irónico y fraterno, que valoraba el altruismo, que fue contemporáneo de Los Beatles, de John Kennedy, de la Guerra de Vietnam, de los intentos por llegar a la Luna y que trascendió a su tiempo, sin otros límites que la eternidad. Mientras tanto, los nombres de sus detractores y de sus matadores se han ido hundiendo con pena y sin gloria en el olvido.

Sus cinco hijos —Hilda, Aleida, Camilo, Celia y Ernesto— recibieron como herencia una conducta, una actitud, un modelo y una carta que les fue entregada tras su partida.

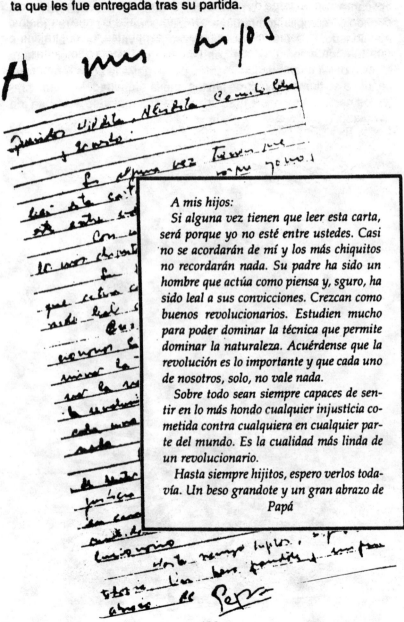

A mis hijos:

Si alguna vez tienen que leer esta carta, será porque yo no esté entre ustedes. Casi no se acordarán de mí y los más chiquitos no recordarán nada. Su padre ha sido un hombre que actúa como piensa y, sguro, ha sido leal a sus convicciones. Crezcan como buenos revolucionarios. Estudien mucho para poder dominar la técnica que permite dominar la naturaleza. Acuérdense que la revolución es lo importante y que cada uno de nosotros, solo, no vale nada.

Sobre todo sean siempre capaces de sentir en lo más hondo cualquier injusticia cometida contra cualquiera en cualquier parte del mundo. Es la cualidad más linda de un revolucionario.

Hasta siempre hijitos, espero verlos todavía. Un beso grandote y un gran abrazo de
Papá

Vallegrande, Bolivia, 1996

Siete meses más tarde de haberse iniciado, la tarea de los soldados, los antropólogos y los forenses continúa. Aparecen nuevos restos. Son, por el momento, cinco cadáveres rescatados, reconstruidos e identificados. Son hombres de la guerrilla que, treinta años antes, intentaron iniciar, desde esas tierras, un nuevo destino para América.

Ninguno de ellos es, sin embargo, el que buscan: el **Che Guevara**. El equipo, formado por especialistas cubanos, argentinos y bolivianos comenzó a buscarlo luego de que, en noviembre de 1995, el general retirado Mario Vargas Salinas, uno de los que combatió a la guerrilla, dijera que el Che no fue cremado. Otro sobreviviente, Gary Prado Salmón, coincidió con él:

"LA EJECUCIÓN FUE DECIDIDA POR LOS GENERALES RENÉ BARRIENTOS, ALFREDO OVANDO CANDIA (JEFE DE LAS FUERZAS ARMADAS) Y JUAN JOSÉ TORRES (JEFE DEL ESTADO MAYOR). Y DESPUÉS DECIDIERON QUE SE LE CORTARAN LAS MANOS Y SE LO ENTERRARA EN UNA FOSA COMÚN".

Los tres generales ya no existen, son sólo tres tristes nombres en la historia del golpismo militar latinoamericano. Mientras tanto, el pueblo de Vallegrande se conmueve por la búsqueda de los restos; de toda América llegan —atraídos por la curiosidad y por la memoria— cientos de personas. Hay movilización en el poblado:

Cuando se acerca el final del siglo, el Che es objeto de nuevos libros, de nuevas biografías, de nuevas películas. Sus propias obras se reeditan una y otra vez. Algunos buscan su cadáver, otros buscan sus ideas, otros intentan rescatar su modelo de vida.

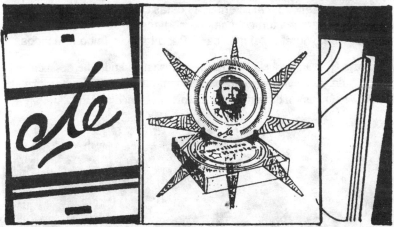

La América Latina que él soñaba con cambiar, sigue siendo un continente injusto. Un informe que la ONU da a conocer el 15 de julio de 1996 dice que en los últimos treinta años (el tiempo transcurrido desde la muerte del Che), el ingreso del 20% de las personas más pobres del planeta cayó del 2,3 al 1,4% del ingreso mundial. En ese mismo lapso el 20% de los más ricos pasaba a acaparar del 70 al 85 del ingreso mundial.

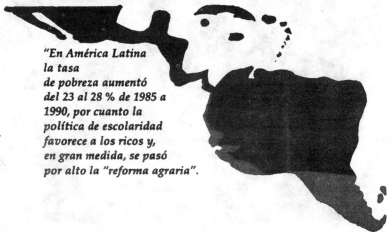

"En América Latina la tasa de pobreza aumentó del 23 al 28 % de 1985 a 1990, por cuanto la política de escolaridad favorece a los ricos y, en gran medida, se pasó por alto la "reforma agraria".

Por encima de las rencillas políticas, más allá de las incomprensiones, la figura del Che gana reconocimiento y respeto con la perspectiva del tiempo. Tanto quienes fueron sus contemporáneos como las nuevas generaciones reconocen en él: su integridad, su honestidad, su solidaridad, características éstas que —en los años finales del siglo— parecen tan escasas como necesarias.
Uno de sus biógrafos, el mexicano Paco Ignacio Taibo II, escribe:

"Ernesto Guevara será el último de nuestros tan queridos héroes a caballo (o en mulo, o en burro, tanto da para un hombre que tenía la capacidad de reírse de sí mismo), de la tradición heróica de América Latina".

Le cortaron las manos y aún
golpea con ellas
Lo enterraron y hoy viene
cantando con nosotros.
Pablo Neruda

Guía de nombres, instituciones e ideas

ALIANZA PARA EL PROGRESO: Organismo creado bajo la inspiración de John F. Kennedy con el fin de promover el desarrollo en América Latina de acuerdo con los designios de EE.UU. Cuba fue excluída de ese marco. La ALP fracasó sin pena ni gloria.

BARRIENTOS, RENÉ: Militar golpista boliviano, encabezó la junta que derrocó al presidente Paz Estenssoro en 1964 y usurpó el poder. En 1966 lo retuvo mediante elecciones. Durante su mandato (caracterizado por acceder a todas las directivas estadounidenses) ingresó al país la guerrilla del Che y fue derrotada. Barrientos murió en 1969, a los 50 años, en un accidente aéreo.

DEBRAY, REGIS: Filósofo y escritor francés que conoció al Che en La Habana, en 1965 y ahondó con él en la teoría del foco. Debray se unió a la guerrilla en Bolivia en marzo de 1967, con el nombre de guerra de "Dantón". El Che lo consideraba "un buen escritor y un pésimo guerrillero". El 21 de abril abandonó la guerrilla de mutuo acuerdo con el Che, fue detenido por el ejercito boliviano y sometido a juicio oral en Camirí. De regreso en Francia, durante los años 80 fue funcionario en el gobierno de François Mitterand. Sus escritos post-guerrilla fueron siempre críticos. Su posición personal y sus actitudes nunca fueron lo suficientemente claras y aún hoy continúa cada tanto escribiendo sobre aquella experiencia sin que esos textos contribuyan a clarificar sus ideas ni a explicar sus actos.

EISENHOWER, DWIGHT DAVID: Presidente Republicano de los EE.UU. entre 1953 y 1961. Como general del Ejército estadounidense fue jefe supremo de las fuerzas aliadas en el desembarco de 1944 en Normandía que terminó con la derrota del nazismo. Durante su gobierno se inició el movimiento rebelde en Cuba y también durante su mandato, Fidel Castro asumió el poder.

FOCO (TEORÍA DEL): Estrategia de lucha armada inspirada por el Che, según la cual el combate contra un régimen a derrocar se inicia con la instalación de un "foco" revolucionario (preferentemente rural) integrado por guerrilleros bien entrenados, que a medida que ataca objetivos va ganando confianza y apoyo en la población. Según el Che, los rebeldes de ese foco debían atacar y retirarse causando bajas y daños, y sin presentar nunca batalla frontal a los ejércitos regulares. Esta teoría derivó en el foquismo, táctica adoptada en los años 60 y 70 por grupos armados en Argentina, Uruguay, Brasil, Chile y Perú. La aplicación mecánica de las ideas del Che, sin tomar en cuenta condiciones sociales, políticas e incluso geográficas más la confusión de una táctica de combate con una estrategia política derivó en posiciones mesiánicas con consecuencias trágicas para numerosos militantes políticos latinoamericanos.

FRONDIZI, ARTURO: Presidente argentino entre 1958 y 1962. Asumió como candidato de la Unión Cívica Radical Intransigente (UCRI), un desprendimiento de la Unión Cívica Radical (UCR) tras ganar unas elecciones en la que se proscribió al peronismo. Intentó implantar una política desarrollista y fue derrocado por un golpe militar, entre motivos por su entrevista secreta con el Che. Murió en 1995, a los 87 años, luego de haber ido derivando hacia ideas cada vez más conservadoras.

GRANMA: Nombre de la pequeña embarcación en la cual llegó a Cuba el grupo de los primeros revolucionarios encabezados por Fidel y Raúl Castro, entre quienes había un único extranjero: el Che. La embarcación (que lleva el nombre de una provincia del Sureste cubano) se encuentra hoy en el Museo de la Revolución, en La Habana.

HOMBRE NUEVO: Concepto lanzado por el Che Guevara en escritos y discursos para caracterizar al tipo de ser humano que debía generarse bajo la atmósfera de la revolución. Se trataba de un hombre al que no guiarían los intereses materiales, con una nueva moral y nuevas actitudes, distinto "del hombre lobo de la sociedad de lobos". Según escribió el Che, el Hombre Nuevo *"no tiene el impulso desesperado de robar a sus semejantes, ya que la explotación del hombre por el hombre ha desaparecido"*.

ILLIA, ARTURO HUMBERTO: Presidente de la República Argentina, tras ganar, como candidato de la Unión Cívica Radical, las elecciones de 1963. Hizo un gobierno austero, con una gestión económica ordenada y una firme defensa de los intereses nacionales (especialmente en las áreas del petróleo y los medicamentos) que le valieron constantes y crecientes presiones de parte de EE.UU. Este médico cordobés, de profundas convicciones y actitudes democráticas, fue derrocado por un golpe militar que encabezó el general Juan Carlos Onganía en junio de 1966. Illía murió en 1983, a los 83 años, tras llevar una vida modesta en el ejercicio de su profesión. Onganía, que amenazó con gobernar durante veinte años en condiciones de duro autoritarismo (bajo su mandato fue destruida la Universidad de Buenos Aires durante la "noche de los bastones largos") fue derrocado en 1970 por otro general, Marcelo Levingston. Durante el mandato de Illia el ejército presionó para que no se reanudaran relaciones con Cuba.

JOHNSON, LYNDON BAINES: Vicepresidente de los EE.UU. que se convirtió en presidente en 1963, al ser asesinado John Kennedy. Fue reelegido en 1964 y concluyó su mandato en 1969. Lo más notable de su período fue que comprometió definitivamente a su país en la Guerra de Vietnam, incrementó la agresión militar en la península Indochina y, junto a los mandos militares que lo acompañaban, se convirtió en arquitecto de la mayor derrota militar en la historia estadounidense. Mantuvo también el bloqueo a Cuba y la hostilidad con el gobierno de La Habana. Murió en 1973, a los 65 años.

KENNEDY, JOHN FITZGERALD: Presidente Demócrata de los EE.UU. entre 1960 y 1963. El 23 de noviembre de ese año fue asesinado en Dallas, a los 46 años. Oficialmente se atribuyó el crimen a Lee Oswald, pero múltiples pistas inducen, todavía hoy, a sospechar de un complot pergeñado por poderosos sectores conservadores de los negocios y de la política. Kennedy promovió los derechos civiles de los negros y se comprometió a no invadir Cuba a cambio de que la Unión Soviética retirara de la isla sus misiles.

KRUSCHEV, NIKITA SERGEIEVICH: Fue Primer Ministro de la Unión Soviética entre 1958 y 1964. Durante su mandato denunció los crímenes de su antecesor, Josef Stalin y promovió, en el campo internacional, la coexistencia pacífica. Antes de ser derrocado (y sustituído por Leonid Breznev), fracasó en su política agraria y se comprometió con Kennedy a retirar los misiles nucleares de Cuba a cambio de que EE.UU. no invadiera a la isla.

MAO, TSÉ TUNG (o Zedong): Fundador del Partido Comunista Chino en 1921, encabezó la lucha contra los sectores nacionalistas de su país, a través de "La Larga Marcha" que, protagonizada por decenas de miles de campesinos, unió Kiangsi con Yunan. Pactó en 1937 con los nacionalistas para derrotar juntos a la invasión japonesa y luego venció a sus aliados transitorios en una guerra civil que duró cuatro años (1945(49). Proclamó la República Popular de China y fue designado presidente. Criticó a la URSS y, desde 1957, organizó un régimen marxista con características propias (de base campesina antes que obrera y urbana). Un fuerte dogmatismo y un acentuado culto de la personalidad tiñeron su mandato, que se prolongó hasta 1976, cuando murió a los 83 años. Impulsó en 1966 la Revolución Cultural, un movimiento cruento destinado a eliminar todo vestigio de oposición, pensamiento independiente y "aburguesamiento". Se prohibió todo acceso a la producción de la cultura occidental y "burguesa" (en música, literatura, pintura, teatro), se ejecutó a miles de personas, se obligó a repetir dogmas en escuelas, fábricas y universidades. Entre sus obras se cuentan "El libro rojo" (citas y dogmas), "De la guerra prolongada" y "De la práctica". Mao intentó reclutar al Che para que éste, en Cuba, impulsara la posición china frente a la soviética. El Che se opuso y defendió a toda costa la autonomía.

MARTÍ, JOSÉ: Figura emblemática de la independencia de Cuba. Fue político, escritor, poeta y abogado. Nació en una familia modesta y, debido a su tenaz lucha por la independencia sufrió repetidamente cárcel y exilios. Vivió en España, Guatemala, México y Nueva York. Ejerció el periodismo, fue catedrático y se connvirtió en uno de los precursores del modernismo iberoamericano. Entre sus obras más conocidas se cuentan Versos sencillos, Versos libres, Amistad Funesta y la novela "La Edad de Oro". Fundó el Partido Revolucionario Cubano y murió en combate en Playitas, en el Este de Cuba, en 1895, luego de desembarcar para combatir contra los españoles. Tenía 42 años. Fidel Castro, el Che y su ejército rebelde combatieron bajo la inspiración de los sueños de Martí.

ORGANIZACIÓN DE LOS ESTADOS AMERICANOS (OEA): Organización fundada en Bogotá en 1948 dedicada a coordinar las políticas exteriores de los países del Continente. Habitualmente ha sido un organismo orientado por EE.UU., según sus intereses. Los países miembros mostraron, en ese foro, una casi nula independencia de criterio. Cuba fue expulsada del organismo.

OVANDO CANDIA, ALFREDO: Militar golpista boliviano, protagonizó los golpes contra los presidentes Paz Estenssoro (1964) y Siles Salinas (1969). A su vez fue derrocado en 1970 por el general Miranda. Era el jefe del Estado Mayor Conjunto cuando fue capturado el Che y él, junto a los generales Barrientos y Juan José Torres decidió la ejecución de Guevara. Murió en 1982, a los 63 años.

PENTÁGONO: Nombre con que se denomina al Estado Mayor Central del Departamento de Defensa de los EE.UU. debido a la forma del edificio de su sede, construído en Arlington, cerca de Washingotn, en 1941. En el Pentágono se decide buena parte de la política exterior estadounidense.

ROJO, RICARDO: Abogado y escritor político, conoció al Che en 1953, en Bolivia, y desde entonces fue uno de sus amigos más entrañables. Integró una generación de jóvenes utopistas, rebeldes y combativos, formados al calor de la Reforma Universitaria de 1918. Fue colaborador cercano de Arturo Frondizi cuando éste abandonó la Unión Cívica Radical en 1957, y fue amigo también de Raúl Alfonsín, Fidel Castro y Salvador Allende. Testimonó su vínculo con Guevara en el libro "Mi amigo el Che", publicado por primera vez en 1968, el cual fue traducido a quince idiomas y del que se vendieron más de un millón de ejemplares. Murió a los 72 años en febrero de 1996.

SIERRA MAESTRA: Formación montañosa que se eleva en el centro del territorio de Cuba y separa las regiones occidental y oriental de la Isla. Es selvática, con vegetación tropical, y su máxima elevación la marca el pico Turquino, con 1.974 metros. En la

Sierra Maestra tuvo su cuartel central el Ejército Rebelde y de esa gesta nacieron leyendas, poemas, relatos, canciones y toda una profusa iconografía revolucionaria.

TORRES, JUAN JOSÉ: Militar golpista boliviano, uno de los tres que tomó la decisión de ejecutar al Che. Fue presidente en 1970 y 71 e intentó una política populista con ciertas reivindicaciones para mineros y campesinos. Derrocado por otro golpista (el general Hugo Bánzer) se exilió y fue asesinado en Argentina en 1976, a los 57 años.

URRUTIA, MANUEL: Fue el primer Presidente de la Cuba revolucionaria, tras la toma del poder por Fidel Castro y sus hombres. Abogado y político, Urrutia defendió a Castro cuando éste fue enjuiciado durante la dictadura de Fulgencio Batista. Como presidente, denunció la creciente injerencia del Partido Comunista cubano, lo cual precipitó su renuncia a los pocos meses (fue remplazado por Osvaldo Dorticós) y su posterior exilio en 1963. Murió en 1981, a los 80 años.

VIETNAM: País del Sudeste de Asia, ubicado en la península de Indochina. Sus costas dan al Mar de la China Meridional. Su historia empieza en el siglo III antes de Cristo y está signada por repetidos intentos de conquista por parte de China, Portugal (siglo XVI), Francia (en el XIX), Japón (1941-1945) y Camboya (después de 1978). En 1905 empezó la lucha por la independencia, a cargo del Vietminh, un frente de fuerzas populares que lideraba Ho Chi Minh (fundador del Partido Comunista Indochino). El 2 de setiembre de 1945 se proclamó la independencia. No fue reconocida por Francia y eso llevó a la guerra de Indochina que culminó en 1954 con la derrota francesa. Se formaron dos países: la República Democrática de Vietnam (Vietnam del Norte), con régimen comunista, y la República de Vietnam (Vietnam del Sur), con régimen capitalista pro-occidental. Debían reunificarse a través de elecciones, según los acuerdos celebrados en Ginebra en 1954. Esto no se cumplió y dio origen a una guerra entre ambos regímenes: la Guerra de Vietnam. EE.UU. apoyó a Vietnam del Sur con dinero, tropas y armas y participó directamente en la guerra. El Norte resistió a través de un ejército guerrillero (el Vietcong) en el que participaron hombres, mujeres y niños, inspirados siempre por los pensamientos de Ho Chi Minh. Pese a que EE.UU. desplegó en Vietnam su máximo poderío militar y una tecnología con tremenda capacidad de destrucción, en 1975, tras la derrota debió retirarse. Tras la derrota del Sur, se fusionaron ambos territorios y se creó (en junio de 1976) la República Socialista de Vietnam, presidida por Ton Duc Thang, con Pham Van Dong como Primer Ministro. Todo este proceso fue paralelo a la lucha de la revolución cubana por su propia supervivencia..

Los autores

SERGIO SINAY es un periodista y novelista argentino. Dirigió importantes publicaciones, ganó el Premio de Ensayo del diario La Nación. Coordina grupos de identidad masculina. También escribió *Gestalt para Principiantes*.

MIGUEL ANGEL SCENNA es un dibujante argentino especializado en historietas históricas. Trabajó en el diario Clarín y otras importantes publicaciones. También ilustró *Sai Baba para Principiantes*.